中公新書 1650

池 東 旭著

韓国大統領列伝

権力者の栄華と転落

中央公論新社刊

プロローグ

一九四八年の独立以来半世紀、韓国の大統領は、金大中《キムデジュン》現大統領を含め八人が歴任した。国土が分断され、東西対立の狭間におかれた韓国の大統領ほど、はげしい有為転変にさらされ、栄光と悲惨の落差が極端な職はない。

歴代八人の大統領のうち、一人（朴正煕《パクジョンヒ》）は暗殺され、三人（李承晩《イスンマン》、尹潽善《ユンボスン》、崔圭夏《チェギュハ》）は任期途中で下野した。二人（全斗煥《ジュンドファン》、盧泰愚《ノテウ》）は退任後、不正蓄財で入獄した。もう一人の大統領（金泳三《キムヨンサム》）は在任中、息子が斡旋収賄と脱税容疑で逮捕される恥辱を味わった。金大中大統領も息子が不正な金銭授受に関連して収監され、退任後きびしい批判にさらされるのは必至だ。

大統領ポストについたものがこれほど浮沈をくりかえすのは、その政策と治績にたいする世間の毀誉褒貶《きよほうへん》のせいばかりではない。前任、後任大統領の確執葛藤《かっとう》の反復にも一因がある。この国では後任権力者は前任者を徹底的に無視、否定する。政権交代とは、前政権を全面否定、断絶することを意味する。ほかの国ならば、大統領経験者は悠々自適の余生をおくる。世間も国家元老として優遇、尊敬する。現職大統領は、前任者を党派を超えて手厚く遇する。元大統領も現職に助言を惜しまない。

だが韓国ではそのような麗しき伝統、習わしは見られない。同じ党派出身でも現職大統領は前任者をライバル視して遠ざける。前任者は後任者を陰に陽にけなし、非難する。

この葛藤と反目には大統領個人の資質、性格など私的理由も作用するが、それよりも韓国の伝統と権力に内在する構造的欠陥によるところが大きい。

韓国大統領は三権を超越した専制君主的存在だ。民選の形をとった帝王なのである。大統領にすべての権力が集中している。韓国の憲法は立法、行政、司法の三権分立を謳《うた》っている。だが、実際は大統領は三権の上に君臨する存在だ。憲法の規定はどうであれ、実質的に立法、司法機関も大統領に従属している。憲法は国会が立法権を行使すると規定する。だが韓国大統領は国家安危に関する重大事項をほとんど大統領緊急命令の形で実施した。

たとえば戒厳令、通貨改革、南北会談、緊急措置発動、金融実名制施行など韓国現代史の節目になる重大な国務行為はほとんどが大統領命令で抜き打ち断行された。むろん憲法は、大統領の緊急命令は国会の事後同意を要すると規定している。だが国会は既成事実を唯々諾々と受け入れた。

大統領は赦免権を発動して、司法判断を覆すこともできる。政府樹立以来大統領の赦免権行使は三〇回以上に及ぶ。赦免対象はのべ五万人を越した。事実上大統領の司法権行使である。コトの善し悪しは別として裁判でそれぞれ無期懲役、懲役一七年を宣告された元大統領を現職大統領は判決後わずか八ヵ月で特赦した。

韓国の大統領は、事実上、三権を超越した存在なのだ。

権力の集中

大統領への権力集中は立法、行政、司法の三権ばかりではない。大統領は、権力、カネ、権威の頂点に位置する。

ほかの国では政治権力、財界パワー、宗教界や学界の権威が鼎立《ていりつ》、拮抗している。いわゆる政・経・教の三権分立だ。権力者といえども財界、宗教、文化界のしきたりにくちばしを挟まない。

だが韓国では政治権力に名誉、カネ、権威すべてが集中する。権力者が政治を運用操作するため、統治資金と称して集金するのが慣行とされた。権力者は学問、芸術分野でも権威として振る舞った。

そのような権力、財力、権威の頂点に立つ大統領が絶対的存在に転化するのは自然のなりゆきだ。絶対権力は絶対腐敗する。権力が一身に集中し、それを牽制《けんせい》する役割を分担する政党、言論などは機能を充分果たせない。

権力を掌握するため手段方法を選ばぬようになり、いったん権力の座につけば、政権を維持するため不正腐敗が生まれる。絶対的権力の保持者はそのポストを手放さない。長期政権の誘惑に囚《とら》われ、権力の延命を画策するようになる。大統領を選ぶ制度自体、権力者の恣意で次々変えられた。韓国では四八年の政府樹立以来、これまで九回憲法が改正された。そのうち八回は大統領の選出方式、任期など大統領の権力構造を変えるため改正したものだ。残る一回は遡及法制定を合法化するための改憲だった。韓国が法治国家ではなく、人治国家といわれるゆえんだ。

不磨の大典である憲法が権力の恣意《しい》に委ねられ、改正された。しかし権力集中は大統領個人の悲劇を生んだ。憲法を改正した大統領はかならず失脚するというジンクスが生まれた。権力の一極集中にくわえ、血縁で結ばれる族閥、同郷という地縁で固まる郷党、学閥などネポティズム（情実人事）の跋扈《ばっこ》が、権力一極集中の弊害を増幅させた。

独裁政権時代の専制的権力行使は権威主義政治といわれる。この権威主義的統治方式は民主化が進められた九〇年代以降も変わっていない。

韓国の大統領制の手本になったアメリカも大統領中心制だ。だがアメリカでは三権が牽制と均衡（チェック・アンド・バランス）機能を発揮している。議会は予算編成権と行政府の高級人事を認証する。最高裁判所は違憲判決をつうじて行政府を掣肘《せいちゅう》できる。連邦を構成する州の権限も強大だ。第四の権力であるマスメディアは権力を自由に批判する。

アメリカ合衆国大統領は市民のなかの第一人者だが、市民の上に立つ主人ではない。それでミスター・プレジデントと呼ばれる。ヒズ・エクセランシー（閣下）ではない。韓国で大統領を「閣下」と呼ぶのをなくしたのは九〇年代、文民政権になってからだ。それまでは大統領閣下と呼ばれた。ファースト・レディーは、当初、「国母《クツモニム》さま」と呼ばれた。いまでも令夫人と呼称される。韓国では令夫人は大統領夫人だけに使われる敬称となった。

このような権力集中は南の韓国ばかりではない。北朝鮮（朝鮮民主主義人民共和国）では独裁者への権力集中、それにともなう個人崇拝は想像に絶する。かつてのソ連におけるスターリンの偶像化を凌駕《りょうが》する。南北におけるこのような権力集中は昨日今日はじまったのではない。歴史的背景と伝統がある。一朝一夕には変わらない。このような歴史的文脈をたどって、韓国の歴代大統領の権力掌握と行使のプロセスに照明を当ててみると、そこに浮かび上がるのは、人は歴史からなにも学ばず、なにも忘れないという、アイロニカルなテーゼなのである。

（註1）歴代大統領の代数は大統領選挙回数で呼称される。初代大統領李承晩は、二回目、三回目の選挙で選出され、第二代、三代でもある。二人目の尹潽善は第四代、八人目の金大中は第一五代が正式な代数だが、混乱をさけるために、八人をそれぞれ第一代から第八代とした。

（註2）大韓民国は大統領交代や憲法改正などにより、第一共和国（一九四八―六〇）、第二共和国（六〇―六三）、第三共和国（六三―七二）、第四共和国（七二―八一）、第五共和国（八一―八七）、第六共和国（八七―現在）と呼称される。次に憲法が改正されれば第七共和国となる。

韓国大統領列伝　目次

平壌
黄海北道
金剛山
黄海南道
板門店
春川
江原道
漢
江
ソウル
京畿道
仁川
東海
原州
水原
忠清北道
清州
忠清南道
嶺
大田
亀尾
慶尚北道
全州
大邱
慶州
湖
全羅北道
陜川
南
光州
慶尚南道
馬山
釜山
全羅南道
順天
南
木浦
麗水
済州道
済州島

序章

独立以前

朝鮮王朝・李王垠と方子夫人
（提供・共同通信社）

(1) 専制の遺産

中央集権制の伝統

韓国政治における権力集中は歴史的所産だ。どのような制度慣行も歴史的しがらみをひきずっている。歴史に空白はない。ある日ビッグバンがおきて物事のしきたり、仕組みが突然出現するのではない。

韓国の政治史は断絶が特徴だ。前王朝とそれを継ぐ王朝、前政権と後続政権に連続性がない。突然の幕切れのように途切れ、断絶する。だが一見途切れたように見えるが、実はつながっている。固有名詞の主語は変わっても、動詞は変わらない。権力者は代わっても、政治の仕組みは名称を変えて作動する。旧政権、旧時代の枠組みと意識は姿と形を変えて連綿と続いている。人間はそう簡単に変わるものではない。帝王的大統領制度も歴史の遺産を継承、踏襲している。

韓国は二十世紀はじめまで中央集権の専制王朝だった。韓国ではほかの国のように地方分権の封建制度が存在しなかった。外勢の絶え間ない侵略で地方諸侯の割拠が不可能で、地方分権が存在する余地がなかった。理由はどうであれ、韓国は有史以来中央に権力が集中した。

アメリカの政治学者G・ヘンダーソンは韓国の政治力学の法則を、社会のあらゆる活動分子を権力の中心に吸い上げる一つの強力な渦巻きにたとえた。この上昇志向の渦巻きの頂点に国王がいた。国王にすべての権力が集中した。国王は万機を総攬《そうらん》する絶対権力者だった。国王は神聖不可侵でアンタッチャブル（不可触）だ。病気になっても侍医は体に直接触ることは許されず、そのため充分治療を受けることができず死亡するという悲喜劇を生んだ。

絶対権力者の国王をとりまく支配階級の両班《ヤンバン》は官職を独占して百姓を搾取した。官尊民卑は封建時代からの悪しき伝統だ。国王は絶対権力者とはいえ国政能力にほとんど欠けていた。国王にかわって外戚、閨閥《けいばつ》が権勢をふるい、朋党をつくり、国政を壟断《ろうだん》した。国王にかわって権力をにぎったものは勢道《セード》と呼ばれた。朝鮮王朝（李氏朝鮮〔李朝〕、一三九二—一九一〇）五百年の歴史は勢道政治と党派争いの連続反復だった。

党争は亡国を招いた。豊臣秀吉の朝鮮侵略（一五九二—九八、壬辰《じんしん》・丁酉倭乱《ていゆうわらん》〔文禄・慶長の役〕）直前、日本の動向を探知するため、朝鮮王朝は使節を京都伏見《ふしみ》に派遣した。しかし秀吉の侵略意図について正・副使の報告は正反対だった。執権党は侵略の恐れありと警告した反対派使者の報告を無視、「侵略はない」と楽観した自派使臣の判断を鵜《う》呑みにして、防備をおろそかにした。情報判断まで党利党略で左右された。

十九世紀末から二十世紀はじめにかけ親清派、親露派、親日派、親米派など外勢をバックにした党争がくりかえされ、そのあげく、日本の植民地に転落した。親日派要人は日韓併合（一九一〇年）後、功労を賞され、優遇された。親露派要人のなかには落ちぶれ、シベリアで客死した者もいる。だがほとんどの親露派は、その後、親日派に転向した。親日、親露派とはいえけっきょく党利党略にすぎなかった。日和見《ひよりみ》主義で目先が利くものが出世栄達した。

朝鮮王朝（一八九七年、大韓帝国に改称）には一九一〇年の滅亡まで、憲法、議会、公職の選挙制など近代国家の根幹をなす政治制度が存在しなかった。日韓併合という最重大な国事すら大韓帝国皇帝の単独行為で決まった。武力を背景にした日本の強要によるもので、内閣閣僚の副署があったとはいえ、皇帝の御名御璽《ぎょめいぎょじ》により五百年の社稷《しゃしょく》を譲渡した。一二九〇万人の韓国人の総意はまったく無視された。皇帝は王族の称号礼遇、歳費二〇〇〇万円と交換で統治権を売り渡した。閣僚は貴族の爵位と一時金をもらって懐柔された。

併合後、日本は土地調査事業を行い、全国土の面積測量と所有状況を調査、登記制度を整備した。この調査で土地の私的所有権制度が確立され、地租収入が飛躍的に増大した。朝鮮総督府の財政基盤は確立した。土地登記により所有権が保障された地主は日本の植民地支配の支持勢力に転化した。

植民地時代の中央集権

朝鮮は、一九一〇年から三六年間、日本の植民地支配のもとにおかれた。日本は朝鮮人に参政権を与えなかった。植民地時代も朝鮮人は政治に参与できず、地方自治もなかった。朝鮮人は政治的訓練をうける機会をもてなかった。

朝鮮総督は立法、行政、司法の三権を掌握、統治した。総督は日本本土で施行される法令とは別途に、植民地に適用する制令をつくり実施した。本土で施行中の民法、刑法、会社法に代わり朝鮮民事令、刑事令、会社令などを施行した。

朝鮮総督は天皇に直隷《ちょくれい》する権力者だ。朝鮮総督が自由に使える機密費金額は日本本土の総理大臣の機密費に匹敵した。総督府諮問機関として中枢院が設置され、朝鮮人名士が中枢院参議に任命されたが名誉職にすぎない。

官尊民卑の風潮は植民地時代ますます強まった。併合直後、普通学校（小学校）教師まで制服姿でサーベルを提げ、授業を行った。新付《しんぷ》の人民（新たに戸籍に登録された人びと）に威勢を示すための道具立てだ。植民地時代三六年間、九代八人の総督が在任した。初代の寺内正毅《てらうちまさたけ》から、長谷川好道《よしみち》、斎藤実《さいとうまこと》、山梨半造《やまなしはんぞう》、斎藤実（再任）、宇垣一成《うがきかずしげ》、南次郎《みなみじろう》、小磯国昭《こいそくにあき》、それに最後の阿部信行などそろって陸海軍大将だ。文官は一人もいない。軍人総督のもとで、専制統治の色彩はさらに強まった。

太平洋戦争末期、日本は朝鮮半島に徴兵令を施行して朝鮮人を戦線に駆り出した。そのさい朝鮮人の参政権を認めると発表したが敗戦で実現しなかった。

四五年、日本の無条件降伏で朝鮮は植民地支配から解放された。だが解放は国土分断と東西対立のはじまりだった。北緯三八度線以南に進駐した米軍は軍政を施行した。進駐軍司令官ジョン・ホッジ中将のもとに民政長官アーチャー・リーチ少将が就任した。日本を占領した連合国最高司令官総司令部（GHQ）が日本政府を存続させ、間接統治したのと対照的だ。連合国は朝鮮を連合国による信託統治のもとにおくことを構想した。朝鮮人の自治能力を信じなかったのだ。四五年末、五年間の信託統治案が発表された。この信託統治案は朝鮮人の猛烈な反発をうけ、けっきょく撤回された。だがこの信託統治をめぐり朝鮮で左右両翼の対立抗争がはじまった。

米軍政庁は総督府の統治機構を存続させた。総督府に勤務した日本人官吏が全員引き揚げたあと、朝鮮人官吏を一部の高級官僚だけ更迭したものの、ほとんどをそのまま任用、勤務させた。

四六年十二月、軍政庁は立法機関として過渡立法議院を設置した。立法議院は定員九〇人（民選、官選各四五人）で構成された。この立法議院選挙で史上はじめて朝鮮人男女は参政権を行使した。

このように選挙による参政権が韓国に導入されたのはわずか半世紀前のことだ。民主主義はまだしっかり根を下ろしていない。官尊民卑の観念から抜け出せない。行政府の頂点に立つ大統領を国権の一機関でなく、至高機関とみなしている。大統領を絶対権力者と錯覚するのは歴史的惰性だ。

イギリスの議会政治や、アメリカン・デモクラシーの歴史は数世紀も続いている。日本の議会政治もすでに一世紀を閲《けみ》した。伝統の欠如は制度の成熟を遅らせる。韓国の民主主義政治と大統領制は移植されてから日が浅く、まだ定着していない。熟成中なのだ。

四八年の独立にさいし、憲法制定に参与した公法学者も日本植民地時代に教育をうけた法律家だ。彼らは行政を権力機関による統治とする大陸法系法思想にどっぷりつかっている。民主主義的法思想は速成の付け焼き刃だ。民主主義のもとでは、行政はパブリック・サービスだ。公務員は公共に奉仕する公僕（パブリック・サーバント）であり、統治者に仕える私僕ではない。

韓国の公法学者は大統領を万機総攬する国王と同一視し、偶像化する傾向に知らず知らずはまっていた。学者ばかりではない。官尊民卑の伝統で、韓国人のほとんどが同じ思考に囚われている。大統領は官僚のトップに位置する。官尊民卑の必然的帰結は大統領権力の絶対視となり、権力集中現象を加速させた。独裁政権時代ばかりではない。民主化が進んだいまでも大統領ポストの権威主義的色彩はそのまま残されている。

独立運動の沿革

一九一〇年の日韓併合後、韓国人の反日抵抗運動は分裂、彷徨《ほうこう》した。国権回復をめざすレジスタンスの求心点になるものがなかった。

李《イ》王一族は日本官憲のきびしい監視におかれ、懐柔され、同化した。併合に反対する義兵が国内各地で散発的に決起した。だが日本軍の討伐で国内の武力闘争はほとんど掃討された。残る一部は中国や沿海州に亡命、抵抗をつづけた。

独立運動は、きびしい弾圧がつづいた国内よりむしろ海外で活発になった。国際環境も変わった。併合翌年の一九一一年、中国で辛亥《しんがい》革命がおき、清朝が滅び、共和制の中華民国が樹立された。これが反日運動の新しい転機となった。

それまで独立運動といえば国王の復辟《ふくへき》以外は想像できなかった。だが中国で共和制政権が樹立された。独立運動の方向は共和制を志向するようになった。

一九一六年四月、アイルランドでシン・フェイン党が長年にわたる英国支配に反抗、独立を要求して暴動をおこした。暴動は鎮圧され、首謀者たちは銃殺されたが、五年後、アイルランドは自治領として事実上英国から独立した。アイルランドの反英暴動は英国と同盟国だった日本の識者に大きな衝撃を与えた。アイルランド同様、朝鮮でも暴動がおきるとの懸念がもたれた。

また、一九一七年、ロシア革命がおき、ボリシェビキが政権を掌握した。ボリシェビキ革命はその後七〇年間、世界史、とくに東アジアの流れを大きく変えた。

一九一四年から四年間つづいた第一次世界大戦で、新興アメリカは十九世紀の覇権国家英国に代わって国際政治の強者として登場した。大戦のどさくさにまぎれて日本は中国に強圧的な二十一箇条の要求（一九一五年）をつきつけ、5・4運動（一九一九年）など排日運動を誘発した。日本はシベリアにも出兵（一九一八―二二年）、極東の勢力均衡がおおきく揺れた。一連の国際的変化は朝鮮半島にも連鎖反応をおこした。

ウィルソン米大統領は、一九一九年一月、パリ講和会議で民族自決主義を提唱した。これに鼓舞され、同年三月一日、ソウルで独立を要求する大衆運動がおきた。朝鮮総督府はこれを武力で鎮圧したが、独立運動は海外に飛び火した。同年四月十日、上海で大韓民国臨時政府が樹立され、李承晩《イスンマン》が国務総理に就任した。上海臨時政府は八月、大統領制を採択、李承晩を大統領に選んだ。だがおきまりの党争が亡命先のここでも再燃した。臨時政府の中国派とアメリカ派が対立した。中国派は李承晩がアメリカに信託統治を請願したことをとりあげ弾劾し、李承晩は大統領職を辞任した。その後、上海の臨時政府は金九《キムク》の指導のもと中国の排日運動と連動して反日独立運動を活発に展開した。

一九三二年、上海事変がおきた。このとき日本派遣軍の天長節祝賀式典に、臨時政府に所属する独立志士尹奉吉《ユンボンギル》が爆弾を投擲《とうてき》、派遣軍司令官白川義則大将、重光葵《まもる》駐華公使などを殺傷した。また独立志士李奉昌《イボンチャン》も桜田門で昭和天皇に爆弾を投擲するという事件をおこした。上海臨時政府は抗日テロ行動で国際的に名をとどろかし、国民党政府から亡命政権として遇された。

一九四〇年、重慶に移転した臨時政府は太平洋戦争がおきるとただちに対日宣戦を布告した。同時に光復軍を編成、将来の日本軍との武力闘争に備えた。

中国における独立運動のもう一派は延安の中国共産党と連携して、満州（中国東北部）で抗日武力活動を展開した。いっぽう、国内でも漸進的参政権論者と急進的独立派が対立抗争をつづけ、そのうえコミンテルンの指導に追従する共産主義者などが入り乱れ、レジスタンス運動は分裂した。日本本土でも、無政府主義者の朴烈《パクヨル》、日本共産党に加入した金天海《キムチョネ》など在日朝鮮人が反帝運動をくりひろげた。しかし官憲のきびしい弾圧でほとんど壊滅した。

日本植民地支配下で、独立運動の系譜は次のように分裂していた。国内には保守民族派の宋《ソン》鎮禹《ジンウ》、曺晩植《チヨウマンシック》、金性洙《キムスンス》ら、進歩派の呂運亨《ユウンヒユン》、曺奉岩《チヨウボンアム》ら、国内共産系のソウル（長安派）の李承《イスン》燁《ヨップ》、火曜会（再建派）の朴憲永《パクフンユン》、それに傍系のＭＬ（マルクス＝レーニン）派が割拠した。海外では中国に亡命政権を樹立し、国民党の支援をうけた右派民族主義者の金九、中道派の金奎植《キムギュシック》、アメリカで在米朝鮮委員会を率いた李承晩が活動した。左翼系として、中国共産党と連携した金科奉《キムカボン》などの延安グループ、ソ連には許可誼《フガイ》などソ連系朝鮮人グループと満州からソ連に転進した金日成《キムイルスン》らのグループなどがあり、それぞれ抗日独立運動をつづけた。

　これらの独立運動団体は内紛と分裂が特徴だ。しかもリーダーによる専制指導のもと、イデオロギーよりももっぱら人的つながりによる組織という点も共通していた。

(2)　解放と南北分断

解放前後の政局

一九四五年八月十五日、日本は無条件降伏した。無条件降伏の直前、八月十二日、朝鮮総督府の遠藤柳作《りゅうさく》政務総監は、西原忠雄警務局長を通じて民族主義グループのなかでも穏健派の宋鎮禹《ソンジンウ》（元東亜日報社長）と接触した。宋鎮禹は保守有産階級の代表的存在だ。遠藤総監は地元の過渡的政権に行政権を移譲するのとひきかえに、米軍が到着するまで在朝鮮日本人七〇万人の身辺と財産の安全保障を求めた。だが宋鎮禹は政権移譲の権限はアメリカにあるとして拒否、重慶の臨時政府に政権を移譲すべきだと主張した。宋鎮禹は総督府と闇取引したと誤解されるのを恐れた。左翼勢力は以前から保守勢力を対日協力者として非難していた。

　遠藤総監は中道左派の呂運亨《ユウンヒユン》と接触した。呂運亨はすべての政治犯の釈放、三ヵ月間韓国人を養う貯蔵米の放出、言論の自由、政治活動を妨げないなどの条件で行政責任を引き受けた。

呂運亨は八月十五日午後、朝鮮建国準備委員会（建準）を発足させた。建準は治安維持にのりだして、米軍が進駐するまでに朝鮮半島全土に下部組織と保安隊を組織した。建準は左右翼の指導者全員を網羅しようとして、宋鎮禹にも参加を呼びかけた。

遠藤総監は八月十六日、呂運亨に米軍が朝鮮半島最南端の釜山《プサン》―木浦《モッポ》地域だけ占領、残る地域はソ連軍により占領されると告げた。これはソウル駐在ソ連総領事館が意図的にばらまいた巷《ちまた》の噂と一致した。総督府はこのとき三八度線を境界にして米ソが分割占領する情報を知らなかった。

呂はソ連が朝鮮半島を統治すると思いこみ、宋など保守派と右翼人士を組閣計画からはずした。八月十六日、政治犯が一斉釈放された。これらは各地に散らばり左翼運動の先頭に立った。しかし総督府は遅ればせながら三八度線以南は米軍に統治権を引き渡すようGHQから通告された。米軍は朝鮮総督にひきつづき治安を保ち既存の統治機構を維持するよう命令した。

建準から疎外されていた右派はこれに力をえて独自に結集する。国内で分裂がはじまった。

九月六日、建準は全国人民代表者大会を開催、朝鮮人民共和国の樹立を宣言した。朝鮮人民共和国の主席に李承晩《イスンマン》、副主席呂運亨、国務総理許憲《フヒョン》、内務部長金九《キムク》など閣僚リストも公表した。このリストは建準が本人の承諾を得ず、勝手につくったものだ。いちおう左右人士を網羅して挙国一致政権と謳ったものの、実質的に呂運亨ら国内左派と共産主義者が実権を握った。

いっぽう、右派民族主義者は九月十六日、韓国民主党を結成、宋鎮禹が首席総務に就任した。だが建準がお手盛りで進めた政府樹立は夏の夜の夢物語に終わった。九月九日、ソウルに進駐した米軍は軍政を宣言、施行（九月十九日）し、人民共和国を否認（十月十日）した。現実政治でモノをいうのは武力を背景とした実力だ。戦争に寄与しなかった者にただ乗りは許されない。米軍政庁は重慶の大韓民国臨時政府も認めなかった。臨時政府の金九主席、金奎植《キムギユシツク》副主席は私人の資格で、十一月二十三日、帰国せざるをえなかった。それに先だって李承晩は十月十六日、米軍用機でアメリカから帰国、ただちに独立促成中央協議会をつくり総裁に就任した。米軍政庁は十二月十二日、建準の人民共和国を非合法化した。南朝鮮で左右翼と中間派が三つ巴《どもえ》で乱立、抗争がはじまった。おきまりの党争の再現である。

八月八日、対日宣戦布告したソ連は八月二十四日、平壌《ピョンヤン》を占領、北朝鮮を支配下に収めた。ソ連軍に同行して北朝鮮にもどってきた金日成《キムイルスン》は十月三日、朝鮮共産党北朝鮮分局を設置した。ソ連軍は北朝鮮で共産党政権づくりをてぎわよく進めた。準備のないまま南に進駐した米軍と、戦前から赤化工作を進めていたソ連軍とは対照的だ。

そもそも解放は朝鮮人が自力で達成したものではなかった。太平洋戦争で日本が敗戦、連合国が勝利した結果、日本の支配から解放された。他力による解放を朝鮮人は自力で勝ちえたように錯覚した。その後、朝鮮半島にくりひろげられた悲劇はそのような錯覚が惨憺《さんたん》たる幻滅にいたる過程だ。

パンドラの箱

解放後の南朝鮮政局は左右翼のヘゲモニー争いで動かされた。それは単にイデオロギー抗争ばかりでなく、地主に代表される資産階級と小作農を中心とする無産階級の土地解放をめぐる闘争、右翼勢力内でも海外派、国内派による主導権争奪、対日協力者とその糾弾勢力の相克が錯綜し、もみあう展開になった。

米ソの対立は冷戦激化とともにエスカレートした。米ソのパワーゲームの延長線上で南北朝鮮内部で権力をめぐるせめぎあいがつづいた。最終勝利者として残ったのが南の李承晩、北の金日成だ。

解放はパンドラの箱を開けた。パンドラの箱とはギリシャ神話であらゆる不幸と悩みが詰まっていた箱だ。これを開けたとたん混乱と無秩序が噴き出た。だが最後に「希望」が残されていた。

朝鮮でも同じ状況が生まれた。解放と国土分断で政治、経済、社会あらゆる分野で混乱と無秩序が支配した。暴力と無法が跋扈する百鬼夜行の天地だった。なによりも経済の混乱は深刻だった。連合国は在朝鮮日本人七〇万人に全員引き揚げを命令、日本人の所有資産を敵国人財産（敵産）として没収した。

主要企業はほとんど日本人所有だ。原料難、技術者不足で工場稼働はストップした。南北分断で電力難が深刻になった。発電施設は北に九割以上も偏在していた。総督府は敗戦処理のため朝鮮銀行券をばらまいた。敗戦直前の一九四五年七月の朝鮮銀行券発行高は四三億円。それが八月十五日を境にわずか二週間の間に三六億円も増発され、年末には八七億円まで急増した。米軍政庁も必要経費を紙幣増発でまかなった。天文学的インフレがはじまった。物価は四五年末には年初にくらべ一一・三倍も暴騰した。インフレは人びとの生活を直撃した。

日本人が所有していた農地の小作人は早々と耕作地を手に入れた。北朝鮮でも農地を解放した。これに刺激されて小作農家は一斉に農地解放を要求した。

日本や中国大陸にいた朝鮮人二〇〇万人が引き揚げ帰国した。北で発足した人民委員会は地主、資産家、知識人を親日、反動分子として迫害した。これらも三八度線を越えて南に逃げてきた。三八度線以南の人口は四四年五月の一六五七万人から四六年八月には一九三七万人と、わずか二年間で二八〇万人も急増した。

治安も悪化した。日本軍に徴募され軍事教育をうけて帰国した兵隊くずれが私設武装団体をつくった。独立運動団体を僭称《せんしょう》する青年団や暴力団が寄付を強要するなど、ゆすり、たかりをほしいままにした。

無秩序が支配した。米軍政庁は朝鮮について無知、無策だった。統治の明確な目標をもっていなかった。民主主義的政治体制をつくるという理念はあったが、それを達成するプログラムはもっていなかった。治安維持優先のため地主を中心とする資産階級と手をにぎり、その勢力を温存した。軍政庁は植民地時代の統制経済を廃止して自由経済方式で運用しようとしたが、これは混乱を助長した。軍政庁は民主的市民社会の価値観を導入しようとした。だが朝鮮人は自由を恣意に、民主を放縦だとはき違えた。

軍政庁は英語ができる朝鮮人に頼って統治した。通弁統治である。解放後の無秩序のなかで経歴詐称がはやった。「アメリカ帰りで博士でないものはなく、中国帰りで将軍でないものはない」といわれるくらいだった。英語ができるというだけで前科者が朝鮮銀行理事に任命される喜劇も生まれた。

これにたいして、ソ連は北朝鮮の共産化、衛星国化という明確な政策をもっていた。それで金日成を指導者として育成、人民委員会を樹立するなど着々と体制固めを進めた。

(3) 冷戦と左右対立

左右の激突

一九四五年十二月二十七日、モスクワで開催された米ソ英三ヵ国外相会議は朝鮮半島の戦後処理の基本方針を決定した。この基本方針は「臨時朝鮮民主主義政府を組織、この臨時政府を支援する米ソ共同委員会を設立する。米ソ英中四ヵ国が最長五年間、信託統治して、機会をみて総選挙を実施する」というものである。

この信託統治案は、四五年二月に米ソ英の頂上会談が開かれたヤルタの秘密協定に含まれていた。ヤルタ協定はソ連の対日参戦などを合意し、また朝鮮半島の北緯三八度線を境界にした分割占領を合意していたといわれる。だが、最近になって、三八度線分割占領はヤルタでの密約ではなく、日本敗戦まぎわの米ソ交渉で決定されたことが明らかにされた。

即時独立を熱望していた朝鮮人は左右翼を問わずこの信託統治のニュースに激烈な拒否反応をみせた。またたくまに全国で嵐のような信託統治反対（反託）運動が盛り上がった。軍政庁に勤務する朝鮮人職員は全員辞表を出して抗議行動に加わった。信託統治はやむをえないと賛意を表明した韓民党党首宋鎮禹《ソンジンウ》は十二月三十日、極右分子により暗殺された。解放後の政治的暗殺第一号である。

しかし反託共同戦線に加わった共産党はソ連の指令で突如賛成方針に豹変した。四六年一月三日、左翼主催でソウル市民五〇万人を動員する予定の反託ソウル市民集会は一夜にして賛託大会に塗り替えられた。この反託と賛託闘争で左右の亀裂は決定的になった。ファシズムの侵略に対抗した米ソなどの連合国と連帯する立場で共闘した左右翼は、これをきっかけに訣別した。以後両者の間で血で血を洗う闘争がはじまった。

四六年二月八日、ソウルで右翼の大韓独立促成国民会（総裁李承晩《イスンマン》、副総裁金九《キムク》）が結成された。南朝鮮で各種政党が乱立、混迷しているのと対照的に北では金日成《キムイルスン》が四五年十月、共産党北朝鮮分局をつくり、十二月十七日、北朝鮮共産党に改編、四六年二月八日に北朝鮮臨時人民委員会（委員長金日成）を発足させるなど、着々と政権づくりを進めた。四六年三月五日、土地改革を断行、五町歩以上の農地を無償没収、無償分配して、無産農民階級の支持をとりつけた。

だが南朝鮮はインフレ昂進と買いだめ売り惜しみで物資不足が深刻だった。経済状況は日ましに悪化した。労働運動も吹き荒れた。左右翼の間で暴力と流血の衝突がくりかえしおきた。十月一日、南朝鮮の大邱《テグ》で左翼が主導する暴動がおきた。10・1事件と呼ばれるこの暴動で左右双方で一〇〇〇人を越す死傷者をだし、検挙旋風が吹き荒れた。

米軍政庁は軍政庁顧問に金性洙《キムスンス》など保守系韓民党要人を任命した。この韓民党のなかには地主階級などかつての対日協力者が少なくない。中国で日本と闘った臨時政府派は徹底した反日強硬路線を堅持している。臨時政府派は対日協力者の徹底粛清を求めた。これにおびえた対日協力者や、リベラルな国内保守勢力は李承晩を支持した。李承晩は反日だが、国内地盤が脆弱だった。両者の利害は一致した。李承晩は韓民党の担ぐみこしに乗った。

アメリカは当初、ソ連と協調して朝鮮半島で左右合作、南北協商を成就させ、統一臨時政府をつくる腹づもりだった。米軍政庁は四六、四七年に米ソ共同委員会をソウルで二回も開催して、左右合作を後押しした。

李承晩はこの協調政策がソ連の侵略意図に無知な宥和《ゆうわ》政策であり、共産主義者を利するものだと猛烈に非難した。おりしも冷戦の幕が切って落とされた時期だ。チャーチルは一九四六年三月五日、アメリカ・ミズーリ州のフルトン市で「いまやヨーロッパを横切ってアドリア海からバルト海にいたる地域に鉄のカーテンが下ろされた」と演説して、反共統一戦線構築を呼びかけた。李承晩は六月三日、井邑《ジユンオツプ》で演説して北朝鮮臨時人民委員会に対抗する臨時政府をつくるべきだという声明を発表した。

東京のGHQは李承晩の単独政府樹立論に注目した。李承晩は一九四六年十二月二日、アメリカに飛び反共行脚をはじめた。李承晩の反共路線は冷戦に移行するアメリカの反共政策と合致した。四七年三月十二日、トルーマン大統領はソ連封じ込め戦略を内容とするトルーマン・ドクトリンを公表した。李承晩は単独政府樹立の自信をえて四月二十一日、帰国した。

南北で単独政権出現

米本国では支持をえたものの、李承晩はソウルの米軍政庁と不和だった。米軍政庁は統一臨時政府の構想にこだわっていた。軍政庁は米本国との直通パイプを鼻にかける李承晩を傲慢な老人だと毛嫌いし、中間派リーダーで穏健な金奎植《キムギュシック》を支援した。金奎植は学者肌で亡命時期、中国で英文学教授を歴任したほどの格調高い英語を駆使、軍政庁官吏から尊敬されていた。金奎植は軍政庁の立法機関である立法議院議長に就任した。李承晩と軍政庁の関係が疎遠になると韓民党も李承晩支持に消極的になった。

信託統治問題を討議する米ソ共同委員会は四六年三月に開催されたが空回りした。南北両側で単独政府樹立の動きが表面化した。だが李承晩の南朝鮮単独政府樹立論にたいしては、臨時政府系をはじめ、中間派など政治団体は分断の恒久化につながるとして反対だった。

四七年七月に中道左派の呂運亨《ユウンヒュン》(勤労人民党党首)、十二月に張徳秀《チャンドクス》(韓民党政治部長)など要人が次々と暗殺された。軍政庁は一連のテロは極右の韓国独立党(韓独党。党首金九)の指令によるものではないかと疑った。韓独党は重慶臨時政府の後身だ。彼らは解放前から唯一の正統政府と自負していた。だが軍政庁が臨時政府を否認したため勢力が弱体化していた。臨時政府を支援した国民党政府は四〇年代後半、内戦で敗北、台湾に追いつめられた。韓独党は後ろ盾だった国民党の凋落《ちょうらく》で国内でも斜陽の道をたどっていた。しかも一連のテロや暗殺疑惑で国内から恐れられていた。その強硬な対日協力者懲罰方針に国内保守勢力はおびえた。これらは反射的に李承晩を支持した。李承晩も反日路線だが、国内支持地盤を確保するため、提携した。敵の敵は味方であるというのが政治のイロハだ。

米ソ共同委員会は再度開催されたが、合意にいたらず行き詰まった。アメリカは国連に朝鮮統一問題の解決を委ねた。一九四七年十一月、国連総会は四八年五月十日に南北同時総選挙を実施することを決議したが、北朝鮮が人口比率により議員数を割り当てる総選挙を拒否したため、国連は南朝鮮だけの単独総選挙を決定した。

南朝鮮単独総選挙と政府樹立は分断の恒久化を招く。四月十九日、金九、金奎植などは平壌《ピョンヤン》で開催された南北代表者連帯会議に出席して南北統一総選挙を訴えたが、無為に終わった。金日成も北朝鮮の単独政権樹立の思惑を秘めていた。中間派人士は総選挙ボイコットを宣言した。

これに先立ち、四月三日に済州道《チェジュド》で左翼指導のもと、総選挙に反対する暴動がおきた。いわゆる済州道4・3事件である。済州道には敗戦直前、日本軍が米軍上陸に備えて洞窟を構築、武器を備蓄していた。敗戦後それがそのまま放棄されて残っていた。蜂起した左翼分子はここに立てこもり、パルチザンとなって長期間にわたり討伐軍に抗戦した。この事件で三万人を越す犠牲者が生まれた。アカ呼ばわりされ、苛酷な報復をうけるのを避けようと、多くの人びとが命からがら日本に密航した。

一九四八年五月十日、国連臨時朝鮮委員会監視のもと、総選挙が実施された。投票率九五・五％は空前絶後の数字だ。史上はじめて総選挙にのぞむ韓国人の熱意のほどを反映する。議席定員二〇〇人のうち、韓民党八四人、李承晩系大韓独立促成国民会六五人、大同青年団三二人などの勢力分布になった。院内過半数を占めた政党はなかった。

五月十四日、北朝鮮は南朝鮮単独総選挙に対抗して送電を中断した。南北は完全に分裂した。五月三十一日に国会が開会、議長に李承晩が選出された。国会は憲法と政府組織法を制定した。憲法草案は内閣責任制だった。しかし李承晩議長はアメリカ式大統領中心制に固執した。けっきょく憲法は大統領中心制だが、国務総理をおくという変則的な折衷憲法になった。

七月二十日、大統領に李承晩、副大統領に臨時政府系の李始栄《イシユン》を選出した。一九四八年八月十五日午前零時を期して米軍政は廃止された。大韓民国が正式に樹立されたのである。いっぽう、北朝鮮も八月一日に総選挙を実施、九月二日、最高人民会議は金日成を首相に選出、九月九日、朝鮮民主主義人民共和国が発足した。

明暗わけた米ソの経済力

激動の三年を経て朝鮮半島には三八度線の南で親米反共国家、北に親ソ共産国家が出現した。それぞれアメリカ帰りの李承晩とソ連帰りの金日成が権力を掌握した。イデオロギーは異なっても両者ともに権力行使において独裁と専制をほしいままにしたという点で共通する。人は伝統と生い立ちのしがらみから抜け出せない。

解放後左翼勢力が跋扈する状況のなかで米軍政庁は明確な統治目標もなく朝鮮にたいする知識も対策もなかった。だがアメリカが南朝鮮を支配できたのはひとえに優越する経済力のおかげだ。戦勝国アメリカは当時世界最大最強の富国だった。占領地に惜しげもなくメイド・イン・USAの食糧や衣料をただで配った。アメリカは解放後GARIOA（占領地区行政救護援助）などの名称で四年間韓国に五億二五〇〇万ドル分の無償援助をつぎ込んだ。これは韓国のGNP（国民総生産）の三〇%に当たる巨額だ。インフレと物資難であえいでいた韓国人にとっては干天の慈雨だった。

解放後どっと流れ込んだハリウッド映画で見るアメリカの豊かな暮らしは、韓国人の憧れの的だった。民主主義の理念を百万遍説くより、甘いチョコレートとチューインガム一個の現物のほうがはるかに説得力に富む。アメリカン・ウェイ・オブ・ライフが韓国人の理想になった。李承晩は韓国人のアメリカへの憧憬と共感を巧みに活用した。アメリカは経済力で韓国を自由主義陣営につなぎとめた。

いっぽう、北朝鮮に進駐したソ連軍はアメリカとは異なり、当初から衛星国化プログラムをもっていた。そのソ連は第二次世界大戦で疲弊しきっていた。北朝鮮に進駐したソ連軍は日本人から時計を強奪するなど略奪をほしいままにした。植民地時代建設した興南《フンナム》肥料工場施設や鴨緑江《おうりょっこう》の水豊《スプン》ダムの発電設備を賠償と称して解体、持ち去った。これを目撃した北朝鮮住民は共産主義に不信を募らせた。しかし人民委員会はウムをいわせず土地改革、貨幣改革、私有工場国有化を断行した。地主、知識人などはすべて親日派とか反動分子だとして迫害した。これらは着の身着のまま三八度線を越えて南に逃げてきた。彼らは越南派と呼ばれた。越南派は韓国でもっとも反共的になった。

共産党は暴力と恐怖で住民を押さえつけた。金日成は共産党国内派の理論的指導者玄俊赫《ヒョンジョンヒョック》を、白昼、平壌の路上で暗殺、共産党のヘゲモニーを掌握した。また民族主義指導者の曺晩植《チョウマンシック》も自宅軟禁され四七年以後は行方不明になった。経済力による支配と暴力による支配という対照的な権力行使は、その後の南北の政治システムにそのまま受け継がれ、今日にいたっている。

第1章

李承晩

1875. 3.26生—1965. 7.19没
初　代 1948. 7.20—1952. 8. 4
第2代 1952. 8. 5—1956. 5.14
第3代 1956. 5.15—1960. 3.14

マッカーサーと握手する李承晩大統領（提供・読売新聞社）

(1) 亡国と海外亡命

光と闇の逆説的存在

初代大統領、李承晩《イスンマン》は韓国現代史の光と闇を一身に集約する人物だ。日本が朝鮮を植民地として支配した三六年間、彼は海外で独立運動をつづけ朝鮮人の希望の星だった。しかし解放後、単独政府樹立を主張して南北分断の恒久化を招いた。彼は初代大統領として親米反共路線の進路を定着させた。この国家戦略はその後、現在にいたるまで韓国の国際的座標を決めた。

憲法制定にさいして大統領中心制に固執、大統領に権力を集中させる原型をつくった。北進統一を唱えながら、備えをまったくおこたった。朝鮮戦争がおきると、たった四日で北朝鮮人民軍にソウルを奪われた。首都ソウル死守を叫びながら、市民を置き去りにして政府首脳だけ南に逃亡、漢江《ハンガン》鉄橋を爆破してソウル市民を見殺しにした。

官権を動員した不正選挙で一二年間長期政権をつづけたあげく、政権の平和的交代の伝統を残せず、下野した。

李承晩ほど逆説的な存在はまれだ。海外で長年抗日独立闘争をつづけ、政権をとった後も反日政策で一貫した。だが対日協力者を粛清せず、これらが李承晩政権の要職を占め、日本の統治方式を踏襲した。彼は、民主主義の本場アメリカを中心に四〇年も亡命生活を送ったが、政治スタイルは王朝時代専制君主の政治手法の再現だった。

敬虔なクリスチャンだった。だが権力の掌握維持ではマキャベリズムを徹底的に駆使した。李承晩個人は亡命時代から質素、節倹のライフスタイルを守り、大統領になっても一ドルの外貨支出すらいちいち目を通すほど予算支出もけちった。だが与党自由党は不正腐敗と金権選挙の総本山だった。

彼は革命家としては成功したが、行政家としては失格だった。

歴史は個人の意志や行動で決まるのではない。伝統とその時代状況の所産である。九〇年にわたる李承晩の波瀾に富んだ生涯は、二十世紀この国が直面した矛盾と相克をくっきり浮き彫りにしている。

李承晩は大韓帝国、日本の統治、米軍政という三回にわたる支配体制の変化を目撃、体験した。日韓併合直後アメリカから一時帰国し、一九一二年、ふたたびアメリカに亡命したとき、三十七歳の壮年だった。人の思考と行動様式は人間形成期の三十代までで決まる。一九〇四年、二十九歳で渡米するまで、李承晩は党争と陰謀が横行する専制君主統治のもとで改革を叫び政治活動をつづけ、獄苦も味わった。亡命後は三三年間、ハワイ、上海、ジュネーブなど世界各地を転々と流浪して独立運動をつづけた。

一九四五年の解放後、彼が帰国したときは七十歳、古希の齢《よわい》だった。しかも七十三歳で初代大統領に就任、八十五歳まで一二年間権力の座に君臨した。建国初期はあらゆるシステムを新しくつくらなければならない時期である。権力が一身に集中している老齢の大統領にとって荷が重すぎた。国づくりをはじめる国家創成期の権力者になによりも必要なものはバイタリティだ。金日成《キムイルスン》は解放当時わずか三十三歳、朴正熙《パクジュンヒ》将軍がクーデタで権力を掌握したのは四十三歳だ。

しかも李承晩の思考には大韓帝国時代の専制統治スタイルが化石になって残っていた。だれでも人間形成期における体験の呪縛から抜け切ることはむずかしい。そのうえ老人特有の頑固がこれに拍車をかけた。これは彼個人の不幸にとどまらない。韓国人全体にとって悲劇だった。フランス大革命(一七八九年)のとき貴族はギロチンを避けてぞくぞく国外に亡命した。亡命貴族は海外に二五年間流浪した。ナポレオン帝政が没落、ブルボン王朝が復古(一八一四年)したのち彼らは帰国した。亡命貴族は帰国すると大革命以前の専制支配体制を復活させようとした。亡命貴族はなにも忘れず、なにも学ばなかったのだ。李承晩についても同じことがいえる。

海外亡命

李承晩は朝鮮王家につながる名門出で、四代目国王世宗《セジョン》の兄、譲寧《ヤンニユン》大君の一六代末裔だ。王族といっても零落した末裔で、三八度線の北、黄海道《ファンヘド》開城《ケソン》近くの平山《ピョンサン》で生まれた。当時、両班《ヤンバン》の出世コースは科挙だったが、この科挙制度は一八九四年、日清戦争開戦直後の改革（甲午更張）で廃止された。李承晩が十九歳のときだ。科挙に及第、立身出世する夢が絶たれた李承晩はアメリカ人宣教師アペンセラーが設立したミッション・スクール培材学堂に入学、キリスト教と英語に接した。これが彼の一生の転機になった。おりしも開化ブームである。李承晩は文明開化を鼓吹普及する独立協会系の組織協成会に参加、一八九八年には韓国初の日刊紙『毎日新聞』や『帝国新聞』創刊に参画して、ジャーナリストとして国権守護運動の先頭に立った。同年、国王高宗《コジョン》を譲位させ、次男李堈《イガン》を擁立する陰謀に加担、終身刑を宣告され服役した。だが獄中でも『帝国新聞』に寄稿、処女作である「独立精神」を脱稿するなど旺盛な言論活動をくりひろげた。

日露戦争がおきた一九〇四年八月、特赦で出獄、十一月に国王高宗の密使になり渡米した。高宗はT・ルーズベルト大統領に日本の横暴を訴え、韓米修交条約（一八八二年）に規定された相互防衛条項により韓国を支援するよう懇願した。だがルーズベルト大統領はこの訴えを無視した。使命は失敗に終わったが、李承晩は帰国せずアメリカにとどまり、学問を修め、一〇年、プリンストン大学から哲学博士号を授与された。

李承晩は一九一〇年に帰国したが、祖国は日本に併合されていた。李承晩にとって活動の余地はない。李承晩は一二年、ミネアポリスの国際メソジスト代表会議に信徒代表の名目で渡米した。亡命客として李承晩はアメリカで独立運動をはじめた。

第一次大戦の戦後処理のため一九一九年に開かれたパリ講和会議は民族自決主義とデモクラシーを高くかかげた。このニュースに鼓舞された朝鮮人は三月一日、全国で「独立万歳」を叫び、独立を求める運動をくりひろげた。いわゆる3・1独立運動である。海外の朝鮮人も一斉に呼応した。四月、上海の大韓民国臨時議政院は臨時政府樹立を宣言、李承晩を大統領に選出した。滞米中の李は二〇年十二月、上海に到着、大統領に就任した。国内でも秘密裏につくられたソウル臨時政府は李承晩を執政官総裁に、ソ連領沿海州の臨時政府も李承晩を国務総理に推戴《すいたい》するなど各種団体は彼を最高職に推挙した。李承晩の名声は国内外にとどろいていたのだ。

しかし国内の独立運動は官憲の弾圧で抑圧された。海外でも時間がたつにつれ、亡命者団体でおきまりの内紛がおきた。上海臨時政府は李承晩がアメリカに韓国の信託統治を要請したことをとりあげ弾劾した。李承晩は上海臨時政府に見切りをつけてアメリカにもどった。以後李承晩はハワイを中心に在米朝鮮人を糾合して在米朝鮮委員会をつくり、独立運動に没頭した。

一九三三年、満州事変を討議するジュネーブの国際連盟会議に臨時政府全権大使資格で派遣され、日本の侵略政策をきびしく糾弾した。このとき日本は国際連盟から脱退した。日本が第二次世界大戦への道をたどることになったきっかけだ。

一九三四年、李承晩はジュネーブでオーストリア出身のフランチェスカ・ドナー女史（一九〇〇―九二）とめぐりあい結婚した。当時、李承晩の年齢は五十九歳、フランチェスカ女史は三十四歳だった。

李承晩は日米開戦前夜の一九四一年はじめ、『日本の内幕記』（*Japan inside out*）を著し、日本が対米戦争に踏み切ると警告した。この予言は的中した。大戦中彼は「アメリカの声」（VOA）放送を通じて朝鮮人に決起を呼びかけた。

だが海外の独立運動は中国重慶の臨時政府（金《キム》九主席）が李承晩よりはるかに活発な武力闘争をつづけ、国内での知名度も李承晩を凌いでいた。李承晩を弾劾して辞任に追い込んだ上海臨時政府は一九二六年に再建され、東洋拓殖会社爆弾事件（一九二六年十二月）、昭和天皇桜田門狙撃事件（一九三二年一月）、上海虹口《ホンキュー》公園での白川大将爆死事件（一九三二年四月）など決死テロ活動を指導して国内外に名をとどろかせた。国民党政府も決死抗日運動をつづける臨時政府に好意を示した。四一年、太平洋戦争がはじまると重慶に移転していた臨時政府は対日宣戦を布告した。しかし連合国はこの臨時政府の実体を認めなかった。

(2)　解放と独立

反共の旗印を鮮明に

一九四五年八月、日本の無条件降伏後、李承晩《イスンマン》は十月十六日に米軍機で帰国した。風霜三三年、海外で独立運動をつづけた老革命家を、政党は左右を問わず歓迎、先を争って党首に推戴しようとした。李承晩の帰国第一声は「団結すなわち生であり、分裂すなわち死である」（ムンチミュンサルゴ、ヘウジミョンジュンウンダ）で、朝鮮人に大同団結を強く訴えた。

だが現実は正反対だった。故国は南北に分断され、左右翼の間で勢力争いがすでに露呈していた。李承晩は三八度線の北にある先祖の墓参りすらできなかった。

十一月二十三日、重慶臨時政府の金九《キムク》主席、金奎植《キムギュシック》副主席などが個人資格で帰国した。李承晩と金九の二人は兄上《ヒュンニム》、舎弟《アウニム》と呼び合い（李は金より六歳年長）親密さを誇示したが、政局主導権をめぐる暗闘は必至だった。

李承晩はまず左翼と、そして左右合作を支持する中間派と衝突した。解放後一年間で南朝鮮における共産党は公称党員六〇万を称するほど膨れあがった。知識階級は左翼思想で洗脳されていた。植民地時代、日本帝国主義を批判したマルキシズムは朝鮮知識人のバイブルだった。

米軍政庁の政治・経済分野における無策、失敗はこの国のインテリに社会主義が正しいとの幻想を増幅させた。米軍政庁は共産党の躍進に警戒の目を向けたが、左右合作の中道路線に望みをつないでいた。

だが李承晩は当初から断固反共を標榜した。彼は金九と提携、四六年二月に大韓独立促成国民会（総裁李承晩、副総裁金九）を結成、左翼勢力に対抗した。アメリカ帰りの李承晩を支持する主な勢力は北の迫害を逃れ三八度線を越えてきたいわゆる越南者たち、クリスチャン、それに地主や商工業者など有産階級たちだ。李承晩も三八度線以北の黄海道《ファンヘド》出身だ。越南派の求心点になった。いっぽう、臨時政府の伝統を誇る中国帰りの金九の傘下に反日右翼勢力が結集した。

李承晩は国内支持勢力を拡大するため、総督府に勤務した官僚など、対日協力の前歴がある者も隔てなく包容した。李承晩本人は強硬な反日主義者だが、支持者のなかに対日協力者が多数いたことはアイロニーだ。金九の極端な対日協力者粛清論に恐れをなした対日協力の前歴者はより穏健な李承晩側についた。

李承晩は資本主義の本場アメリカで長年暮らしたので資本家にも好意的だ。当時、富豪は過去の対日協力前歴の免責ばかりでなく、左翼の台頭に危機感をおぼえ、李承晩、金九に邸宅や政治資金を提供、一身の安全を図った。李承晩の梨花荘《イファジャン》や金九の京橋荘《キュンギョジャン》などの邸宅はこれら富豪の寄付によるものだ。

当初、共産党の跳梁跋扈《ちょうりょうばっこ》を放置した軍政庁も冷戦激化とともに弾圧にのりだした。軍政庁は四六年五月、共産党のニセ札偽造を摘発し、ニセ札を印刷した精版社を急襲、関連者を検挙した。つづいて九月に共産党の後身である南朝鮮労働党(南労党)指導部の一斉逮捕に踏み切った。だが南労党指導部は地下に潜り、三八度線の北に脱出、海州《ヘジュ》市で指導をつづけた。四六年十月一日におきた大邱《テグ》暴動は南労党が武力闘争に方向転換したことを示す事件だ。

李承晩はこれに先立ち六月三日、地方遊説で「南朝鮮は即時自律的政府を樹立すべきだ」と発言して反共姿勢を明確にした。だが米軍政庁は右翼勢力より金奎植、呂運亨《ユウンヒユン》ら中道派を支持した。中道派は米ソ共同委員会に協力して左右中間勢力の合作による南北統一臨時政府樹立の構想を進めた。この構想は東京のGHQのなかにいたニューディール派の思惑と合致するものだ。ホッジ軍政庁最高司令官の政治顧問レオナード・バーチェも熱烈なニューディーラーだ。米軍政庁と李承晩、金九などの右翼との対立は深まった。軍政庁が創設した過渡立法院議長に李承晩が外され、金奎植が就任した。このため軍政庁支持政党で地主階級を代表する韓民党は李承晩と疎遠になった。

国連決議による総選挙実施

米ソ共同委は討議に参加させる政党団体をめぐって米ソの意見が対立、空転をつづけた。アメリカはこれ以上米ソ共同委での議論は徒労だとみて、国連に朝鮮問題を上程した。アメリカは戦略価値のない朝鮮半島に米軍を駐屯させるのは割が合わないと判断した。もてあまし気味の南朝鮮から手を引く近道は国連にゲタをあずけることだ。

国連は四七年九月、臨時朝鮮委員会を設置し、同委員会の監視のもと四八年三月三十一日までに南北で総選挙を行うと決議した。国連臨時朝鮮委は四八年一月、ソウルに到着したが、金《キム》日成《イルスン》北朝鮮人民委員会委員長は入国を拒否した。人口比例の総選挙は北朝鮮にとって不利だからだ。入国を拒否された臨時委は南朝鮮だけの単独選挙の道を選ぶかどうかという問題に直面した。

国連は四八年二月二十六日、圧倒的多数で可能な地域内での総選挙を可決した。南韓単独選挙である。李承晩の単独政府樹立構想が勝利を収めた。即時独立を熱望する朝鮮人多数は単独政府樹立を支持した。李承晩は政局の主導権をにぎった。

五月十日の南朝鮮単独選挙について金九の右派も金奎植など中道派も正面きって反対した。これらは五月総選挙ボイコットを公表した。反対理由は「南だけ単独政権を樹立すれば国土の永久分断になる。朝鮮人の問題は南北朝鮮が自主的に決めるべきだ。それには南北要人の会談が先決である」というものだ。これは朝鮮人多数の感情を代弁するものだ。だが政治は感情論で動かない。北朝鮮も国連決議に対抗して北朝鮮だけの単独政権の方針をとっくに決めていた。北は二月に朝鮮民主主義人民共和国憲法草案を起草、四月に北朝鮮特別人民会議はこれを可決するなど着々と準備を進めた。

李承晩も金日成もそれぞれ単独政権樹立をめざしていた。単独政権樹立という点で両者の態度と利害は一致した。南朝鮮単独選挙に反対した金九、金奎植らは国連臨時朝鮮委に「南北協商」案を提示するいっぽう、金日成委員長に南北協商を呼びかけた。金日成は四月十九日に平壌《ピョンヤン》で南北協商連席会議開催を提案した。金九、金奎植など各団体代表三九五人が三八度線を越え平壌に到着したとき、すでに会議ははじまっていた。協商会議は朝鮮半島からの外国軍隊の即時撤退、全朝鮮政治会議の招集、立法機関選出と憲法制定、南朝鮮の単独選挙は絶対に民族の意志を代表するものではないとの共同声明を発表した。金九、金奎植など南朝鮮代表は実質的討議から排除され単なる飾りに利用されたのにすぎなかった。

金九、金奎植の総選挙ボイコットで李承晩の勝利は確実なものになった。総選挙に反対して四月三日、済州道《チェジュド》で左翼の指導のもと暴動がおき、ゲリラと鎮圧部隊との間で同族同士の血なまぐさい殺戮《さつりく》がくりかえされた。このとき殺戮を避け済州道から大勢の人が日本に密航、密入国した。

大統領就任

五月十日の総選挙は、李承晩派の独立促成国民会、地主有産階級の韓国民主党などの右翼勢力が圧勝した。国会は李承晩を議長に選出して、憲法制定に着手した。

憲法草案は内閣責任制となっていた。起草した法学者らは日本の大学で教育をうけ、日本式内閣責任制になじんでいる。院内多数の韓民党も内閣責任制案を支持した。軍政庁の支持勢力だった韓民党は初代大統領に確実視された李承晩を名目的大統領に戴き、実質的権力をにぎる目算だった。

李承晩は韓国の政党政治が未熟だという口実で米国式大統領中心制に固執した。憲法草案は一夜にして変えられ、大統領中心制だが国会の同意により国務総理を任命するという中途半端な折衷案が採択された。

国会で大統領に選出された李承晩は越南派で牧師出身の李允栄《イインニヨン》を初代総理に指名、国会に同意を求めた。支持基盤が脆弱な李允栄なら御しやすいという判断だ。韓民党はこれに反発、国会で否決した。韓民党は総理に党首金性洙《キムスンス》（東亜日報オーナー一族）の起用を期待した。それが裏切られた。すったもんだのあげく李承晩は右翼の李範奭《イブンスク》（民族青年団団長）を総理に起用した。総理指名をきっかけに李承晩と韓民党の反目は決定的になった。以後一二年間この政争がつづく。

大韓民国政府は四八年八月十五日、正式発足した。この日東京からマッカーサー元帥が飛来、独立を祝った。北朝鮮も五月一日に憲法を公布、八月に最高人民会議代議員を選出、首相に金日成が就任、九月九日、朝鮮民主主義人民共和国政府を樹立した。分断された南北で二つの政権が生まれた。その後の朝鮮半島の運命はこうして決まった。

朝鮮半島をとりまく国際情勢も急速に変わった。中国で国民党政府軍は人民解放軍に連戦連敗、台湾に逃避した。四九年十月一日、北京で中華人民共和国樹立が宣言された。蔣介石《しょうかいせき》の国民党政権の支持をうけていた金九など臨時政府系勢力はますます萎縮した。

冷戦激化でアメリカの東アジア政策も変わった。日本を完全に無力化する政策方針は反共の兵站《へいたん》基地に育成する方向に一八〇度転換した。

四九年六月二十六日、右翼陣営における李承晩最大の政敵、元臨時政府主席金九は現役の陸軍少尉安斗熙《アンドウヒ》の凶弾により、自宅で暗殺された。享年七十三だった。この犯行は政権サイドでそそのかしたとの疑惑がもたれているが、それを裏付ける決定的証拠はない。確かなことは犯人安斗熙は処刑されず、朝鮮戦争のどさくさにまぎれ釈放され、事業を営み軍御用達になったことだ。権力者の配慮がなければできないことである。しかし李承晩政権没落後、安斗熙は金九崇拝者から再三暴行をうけるなど報復がつづき、犯行四七年後の九六年、金九崇拝者を自称する者により殺害された。金九暗殺事件は李承晩政権の暗い断面をかいまみせる。

(3)　朝鮮戦争

朝鮮戦争勃発

大統領としての李承晩《イスンマン》の功過は反共の一言につきる。大統領になれたのも断固とした反共姿勢のおかげだ。一二年間長期政権を維持できたのも反共政権だったからだ。その失脚もアメリカが反共の最前線、韓国の政治安定のために李承晩を見捨てたせいだ。

朝鮮半島における分断国家の誕生は冷戦の産物だ。アメリカは反共をかかげ親米一辺倒の李承晩を支持して、軍事、経済などあらゆる面で支援を惜しまなかった。アメリカの支援が李承晩政権を支えた基盤だ。

李承晩政権は発足直後から相次ぐパルチザンのゲリラ蜂起の討伐に全力をあげ、国軍内部の左翼分子粛清に大ナタをふるった。軍政庁により創設された国防警備隊に左翼分子が多数入隊していた。当時、警察は左翼弾圧と検挙の先頭に立っていた。警察の逮捕を避けるために国防警備隊に入る者が少なくなかった。政府樹立後、国防警備隊は国防軍に改編、新生国軍として発足した。だが内部に赤色分子が多数浸透していた。

四八年四月、総選挙反対を唱え蜂起した済州道《チェジュド》暴動はその後一年ちかくもつづき三十余万人の島民がまきこまれ、六万人の犠牲者をだした。

暴動鎮圧のため、四八年十月、麗水《ヨス》、順天《スンチヨン》に駐屯中の第一四連隊に出動命令が下った。だが連隊内部の左翼細胞は反乱をおこし、官民多数を殺害した。鎮圧軍は一週間後、麗水、順天両市を制圧したが、反乱兵士は智異山《チリサン》に逃げ込み、ゲリラになって抵抗した。済州道や智異山一帯は「昼は大韓民国、夜は人民共和国」といわれたほどだ。

このゲリラが完全に掃討されたのは朝鮮戦争後のことである。事件をきっかけに軍内部でアカ狩りの旋風が吹き荒れ、軍全体の一割に当たる四七九四人が処刑、懲役もしくは罷免された。罷免された将校のなかに後年の大統領朴正熙《パクジョンヒ》少領（少佐）もいた。

四九年六月、在韓米軍は軍事顧問団五〇〇人を残して撤退した。年を越した五〇年一月、アチソン国務長官はアメリカの西太平洋における防衛線はアリューシャン列島—日本—琉球列島—フィリピンを結ぶライン上にあることを言明、蔣介石政権が立てこもる台湾と韓国は防衛ラインの外にあることを示唆する演説を行った。

金日成《キムイルスン》は南侵してもアメリカは介入しないと判断した。アメリカは蔣介石の敗北を座視して、中国を放棄した。同じようにアメリカは、李承晩政権が敗北すれば朝鮮半島も放棄すると金日成は誤判断した。

五〇年六月二十五日未明、北朝鮮軍は三八度線を突破、南侵を開始した。戦車を先頭にした圧倒的に優勢な北朝鮮軍はたった三日で首都ソウルを占領した。このとき李承晩政権は、ソウル市民に戦況は有利に展開していると放送を流し、北朝鮮軍がソウルに迫ると市民を見捨て、政府要人たちだけがソウルを脱出した。このさい無警告でソウル中心部に架かる漢江《ハンガン》鉄橋を爆破、避難中の市民多数が溺死する悲惨な事件もおきた。

国連は北朝鮮を侵略者と糾弾、国連軍介入を決議した。米軍を主体とする国連軍が参戦するや、李承晩大統領は米軍に軍の作戦指揮権を移譲した。米軍は韓国軍を指揮する権限を掌握したのである。これがその後の米韓関係に大きな影を落とす。

北朝鮮軍は破竹の勢いで進撃をつづけ、二ヵ月後には釜山《プサン》まで五〇キロの地点に迫った。しかし北朝鮮軍の補給線は伸びきっており、制空権をにぎる国連軍の爆撃で補給は困難だった。国連軍は九月十五日、北朝鮮軍の背後をついて、仁川《インチョン》に上陸、ソウルを奪還、十月三日には三八度線を突破、北進をつづけた。

だが中国義勇軍が突如十一月に参戦、後退をよぎなくされ、五一年六月、休戦交渉がはじまった。交渉は延々二年もつづいたが、スターリンが五三年三月五日に死亡した後、七月二十七日に休戦が成立した。

戦争期間中に韓国軍は兵力九万八〇〇〇から七〇万の大軍に成長した。軍部は韓国における最大最強の組織集団に育った。軍部が政権を掌握するのは時間の問題だった。

内政の混乱

李承晩大統領にとっては朝鮮戦争はある意味で天佑神助《てんゆうしんじょ》だった。戦争のおかげで彼は頽勢《たいせい》を挽回、長期政権をつづけることができた。李承晩は就任当初から失政を重ね、再選の見込みはほとんどなかった。

独立早々彼が直面した政治問題は親日派清算だった。世論はこぞって対日協力分子処罰を要求した。国会は親日の前歴をとりあげ、交通部長官、法制処長、商工部次官などの高級官僚の罷免を要求した。李大統領自身は反日で凝り固まっていた。だがその手足となっている官僚のほとんどは、植民地時代に総督府に協力した前歴がある。

とくに植民地時代、警察は独立運動家や共産主義者を弾圧した。総督府警察に勤めていた朝鮮人警察官は解放後、幹部に起用され、共産党取り締まりに辣腕《らつわん》を振るった。反共第一の李承晩にとっては、親日の前歴があってもベテラン警察官を活用せざるをえない。

財界人も同様だ。解放後財界は李承晩に政治資金を提供した。それで李承晩は親日派粛清に消極的だった。

国会は親日派清算のため反民族行為者処罰特別法を制定、親日派逮捕にのりだした。警察は反民族処罰特別委員会の活動を正面切って妨害した。反民特別委は財界大物の白楽承《ペクナッスン》(泰昌紡《テチャン》織オーナー）を逮捕した。白楽承は李承晩の財政スポンサーだ。景武台《キュンムデー》（大統領官邸）直々の指示により白楽承は反民特別委から釈放された。しかも警察は実力行使で反民特別委を解散した。親日派として逮捕された人士も裁判で実刑判決をうけたのはごくわずかだ。それも再審でみな釈放された。

親日派粛清はかけ声倒れで終わった。官界、財界ばかりではない。国軍首脳部は全員が元日本軍将校出身だ。清算できるはずがない。

土地改革でも失敗した。朝鮮総人口の七割が農民で、農業は国内総生産の四〇％を占め、耕地面積の四〇％が小作農だった。北朝鮮人民委は四六年三月、この小作地を無償没収、小作農に無償分配した。これが金日成政権の支持基盤になった。

だが南朝鮮では事情が違った。地主階級は保守勢力の代表だ。彼らは韓民党を結成、軍政庁と密着した。地主たちは既得権を守るのに必死だった。しかし農地改革をしなければ生き残れない。いやいやながら「有償没収、有償分配」の原則を受け入れた。

李承晩は農地改革を急テンポで進めた。李承晩は土地改革で失うものはなにもない。支持者の多数を占める越南者は農地を所有していない。野党韓民党の支持基盤を崩せる。

五〇年三月、農地改革法が公布され、没収と分配価格は年収穫量の一五〇％に決め、地主には地価証券が交付された。政府はこの地価証券を通じて土地資本を産業資本に転換させる計画だった。だが法施行の直後、朝鮮戦争がおきた。戦火を避けてさまよう地主は地価証券をただ同然で手放した。戦争で農地は荒廃した。そこにアメリカの農産物援助がどっと流れ込んできた。けっきょく農地改革は、自作農を創設し農村経済を立て直す目的も達成できず、土地資本の産業資本化にも失敗した。保守勢力の柱だった地主階級は一朝にして没落した。彼らはきびしい政権批判勢力に転化した。

新興支持勢力

没落した地主階級に代わって、李承晩支持勢力に台頭したのは新興実業家たちだ。

解放以前日本人は朝鮮の主要産業施設の九〇%を所有していた。米軍政庁は日本人の所有する資産をすべて敵国人財産（敵産）として没収した。この敵産は独立とともに韓国政府に引き渡された。このうち電力、銀行などは国営にされたが、その他企業は民間に払い下げられた。

敵産は最大の利権として登場した。実業家はその争奪にちまなこになった。敵産払い下げではコネとカネがものをいった。政権に密着した実業家に敵産企業は優先的に払い下げられた。彼らはその見返りに政治献金した。地主階級が野党支持になったのと対照的だ。

独立前、李承晩の生活費の面倒をみた白楽承は独立後、敵産企業鐘紡を入手、外貨貸付五〇〇万ドルなどの特恵をとりつけ、またたくまに財閥第一号にのしあがった。李政権と深くつながっていた越南派実業家も先を争って敵産を手に入れた。敵産争奪をめぐって政商が多数輩出した。だが朝鮮戦争で敵産企業施設の大半が廃墟になった。

敵産に代わって登場した利権はアメリカの援助だ。アメリカは解放以後、李承晩政権が崩壊する六〇年までの一五年間に約三〇億ドルの援助を韓国に供与した。これは当時の韓国の年間国民総生産（GNP）に匹敵する。援助物資分配は最大の利権として浮上した。援助物資は施設ばかりでなく原料まで含まれている。米国援助は韓国経済の本源的蓄積、ひいては財閥形成の決定的契機になった。李承晩政権のとき生まれた財閥でいまなお存続しているのは三星《サムスン》、ラッキー金星《クムスン》（ラッキー・ゴールドスター：LG）、現代《ヒュンダイ》、斗山《ドサン》などだ。しかし財閥誕生は裏返せば貧富格差の増大につながる。特恵と利権で不正蓄財した政商にたいする不満が韓国人の間で高まった。

この米国援助は五〇年代末になって漸減した。アメリカはドル流出を防ぐため、無償援助から開発借款に重点を置き換えた。いわゆるドル防衛政策だ。対韓援助は五〇年代にずっと二億ドル台を上回り、五七年に最高三億八三〇〇万ドルまでになった。それが六一年に一億九九〇〇万ドルと二億ドル台を割った。

韓国人の間には李承晩大統領がいればこそアメリカは韓国に経済援助するという信仰がはびこっていた。その神話が崩れた。政権を支持する財界のなかでも越南派グループと戦後復興過程で頭をもたげてきた嶺南《ヨンナム》地域（慶尚道《キョンサンド》）出身実業家グループの間で亀裂が生まれた。それが李承晩政権没落の一因になった。

(4) 独裁政治

選挙への官権介入

李承晩《イスンマン》政権は党争にかまけて、当面する国民生活安定対策をなおざりにした。インフレは昂進し、韓国人は李政権に失望した。

第二回総選挙は五〇年五月の予定だった。李承晩は国内治安の悪化を口実に、十一月に延期することを画策した。だがアメリカは「韓国政府は財政問題の重要性を理解せず、進行するインフレの抑制に必要な措置をとろうとしない。アメリカ政府は援助を再検討せざるをえない。もし五月中に総選挙を実施しなければ援助を中止する」と警告した。

朝鮮戦争直前の五月三十日に実施された第二回総選挙で、李承晩は大敗した。中間派諸政党は二年前の第一回総選挙をボイコットした。だが第二回総選挙では参加、二一〇議席のうち中間派が一三〇議席を確保した。李承晩の与党は三四議席に転落した。選挙前に辞任した李範奭《イブンスク》総理の後任も見つからず、空席のままだった。

ピンチに立たされた李承晩にとって政局収拾は至難の業《わざ》だった。それを救ったのが北朝鮮軍の南侵だ。権力者は戦争を口実にあらゆる批判を封じることができる。北朝鮮の南侵は反共一辺倒の李承晩の立場を強化した。緒戦の敗北やソウル失陥《しっかん》の責任などは国連軍の介入で帳消しにされた。戦時の殺気だった雰囲気のなかで大統領の失政追及はうやむやにされた。だが韓国人は戦時中の住民虐殺や国民防衛軍をめぐる不正腐敗など李政権下でおきたいろいろな忌まわしい事件について憤怒していた。

李承晩大統領の任期は五二年七月までだ。しかし国会議員の選出による大統領再選は絶望視された。李承晩はそれまで超然政権をめざし支持政党をつくらなかった。だが再選をめざして与党自由党を創立した。自由党は、大統領直接選挙制を内容とする憲法改正案を国会に提出したが否決された。

しかし李承晩は五二年五月、臨時首都釜山《プサン》一帯に戒厳令を布き、野党議員を憲兵隊のバスで連行、恫喝《どうかつ》した。白骨団など御用団体の暴力団は釜山市内に野党を非難攻撃するビラをばらまいた。

七月には、恐怖につつまれた雰囲気のなか、国会で与党は憲法を強引に改正し、八月に国民の直接選挙により李承晩大統領は再選された。

この改憲工作に必要な政治資金調達のためタングステン（重石）輸出で稼いだドルを政商に

横流ししたスキャンダル（重石ドル事件）もおきた。

戦乱がつづいている最中である。アメリカ政府は李承晩の独裁に不満だった。ワシントンは李承晩を退陣させ、穏健なカトリック信者の張勉《チャンミュン》総理に代えることを検討した。だが戦時中に同盟国の大統領をすげ替えるのはリスクが大きすぎる。アメリカは李承晩除去計画をあきらめた。しかし李承晩にたいする不信感は高まるいっぽうだった。このとき李承晩は韓国軍首脳に大統領支持声明を出すよう命令した。だが李鍾賛《イジョンチャン》陸軍参謀総長は米軍の意を受けて政治的中立を守り、支持声明を発表しなかった。激怒した李承晩は陸軍参謀総長を更迭した。

韓国軍首脳はほとんどが旧日本軍出身という負い目がある。反日独立運動のカリスマをもつ李承晩に頭が上がらない。五二年に李承晩は軍部を政治的に利用した。だがその報いは、後年、軍部クーデタとして現れることになる。

李承晩の頑固な反共反日にアメリカも手を焼いた。李承晩は休戦に反対し、あくまで北進統一に固執した。五三年七月の休戦協定成立直前、李承晩政権は北朝鮮送還を望まない反共捕虜を捕虜収容所から独断で釈放して交渉妥結を阻もうとした。休戦協定に韓国代表は署名しなかった。アメリカは戦後復興のための多額の経済支援を約束して李承晩を宥《なだ》めた。アメリカは李承晩の独善、独断をもてあますようになった。

五四年五月、第三回総選挙が実施され、官権を動員した与党自由党が圧勝した。李承晩政権は余勢を駆って九月、大統領の三選禁止撤廃と副大統領の大統領継承権規定新設を内容とする改憲案を国会に提出した。十一月二十七日に行われた国会（定員二〇三人）での投票は一三五票対六〇票で、定数の三分の二に一票足りず否決と公告された。与党は国会定数の三分の二は四捨五入して、一三五人だと強弁、いったん否決を公告した改憲案を可決とみなし、憲法改正を公布した。悪名高い四捨五入改憲である。

馬意、牛意まで動員

五六年五月、第三回大統領選挙は国民の直接投票による本格的な選挙になった。前回五二年選挙は戦時中の避難首都釜山で行われた、非常時のなかのお手盛り選挙だ。今回は違う。野党のスローガン「モッサルゲッタ、ガラボジャ」（ダメだ、代えよう）は全国にこだました。後々まで語り伝えられる選挙スローガンの傑作だ。与党は「ガラバッチャヤソヤンウッタ、グガニミョンガニダ」（代えても同じだ。古顔がましだ）と応酬した。これもまた韓国政治の実相を予言するものだ。

野党民主党は大統領候補に臨時政府出身の申翼熙《シンイッヒ》（国会議長）、副大統領候補に張勉（前総理）を立てた。与党は副大統領候補に次期大統領含みで李起鵬《イキボン》を指名した。前回の改憲は副大統領の継承権を明文化した。李承晩大統領は八十一歳の高齢だ。もしものことがあれば副大統領が継承する。李起鵬は李承晩と同じ全州《ジュンジュ》李氏讓寧《ヤンニュン》大君派で、長男李康石《イガンスック》は後嗣がいない李承晩の養子になった間柄だ。これは李王朝の復活である。

有権者は李承晩政権の秕政《ひせい》に愛想をつかしていた。野党候補の遊説に有権者が雲集し、候補が叫ぶ政府批判に拍手喝采を送った。これに対抗して政府与党も農民や中小企業団体などを動員、与党候補を応援させた。これらサクラたちは馬車、牛車の行列をつくって与党支持を訴えた。新聞は「馬意、牛意」まで選挙に動員したと皮肉混じりに報道した。与党候補の旗色は悪かった。

投票一〇日前の五月五日、申翼熙候補は遊説途中急死した。野党は候補登録を変える時間的余裕もなかった。五月十五日の投票で李承晩は五〇四万票で当選したが、無効となった申翼熙票は一八五万票に達した。もう一人の野党候補曺奉岩《チョウボンアム》も二一六万票を獲得した。申翼熙候補の急死で野党支持票が流れたせいだ。副大統領には野党候補の張勉が当選した。大統領、副大統領の党籍がそれぞれ異なる、ねじれ現象がおきた。

与党はパニック状態になった。九月に張勉副大統領狙撃事件がおきた。狙撃事件に警察が介在していたことも判明したが、捜査はウヤムヤにされた。

五八年一月、李承晩政権は政敵、進歩党党首曺奉岩をスパイ容疑で逮捕、五九年七月に処刑した。解放以前共産党員で革新勢力の代表だった曺奉岩の処刑は革新勢力の急浮上に恐怖を覚えた李承晩政権による司法殺人だ。

五九年四月に『京郷《キョンヒャン》新聞』が筆禍事件で廃刊になった。カトリック系『京郷新聞』はカトリック信者張勉副大統領を支持したため、弾圧の標的になった。李承晩の独裁政治はとどまるところを知らなかった。

4・19革命

六〇年三月に大統領選挙が予定された。与党正副大統領候補は今回も李承晩、李起鵬である。野党民主党の正副大統領候補は趙炳玉《チョビョンオク》、張勉に決まった。政府与党は今度こそ万難を排して与党候補を当選させると意気込んだ。だが有権者は与党に愛想をつかしていた。アメリカも李承晩大統領の統治能力を見限った。

野党大統領候補の趙炳玉は病気治療のため渡米したが、投票日を一ヵ月後に控えた二月十五日に死去した。三月十五日、予定通り選挙が実施され投票率九七％、李承晩は有効投票九六三万票を一〇〇％獲得して当選、副大統領に李起鵬も当選したと発表された。

与党は不正選挙の手口を総動員した。本人でない第三者による幽霊投票、軍隊内の公開投票、投票用紙のすり替え、野党候補得票の無効化、集計過程のインチキなどあらゆる不正の手口が乱舞した。一部地域では与党候補のでっちあげ得票が有権者の数を上回り、あわてて縮小修正する喜劇までおきた。

野党は選挙無効を宣言した。新聞も一斉に不正選挙を非難した。馬山《マサン》、釜山など野党が強い地方都市で不正選挙を糾弾するデモがはじまった。四月十八日、ソウルで大学生が不正選挙糾弾を訴えてデモ行進した。それを政府ご用の暴力団が襲撃して学生多数が負傷した。

これがきっかけとなって四月十九日、ソウルで学生と市民が合流したデモがおき、全国に拡散した。デモ群衆は警察と衝突、市民と学生一八六人が死亡、六二〇〇人を越すおびただしい負傷者がでた。興奮したデモ隊は政府系ソウル新聞社や反共会館を焼き打ちした。

政府は非常戒厳令を宣布、デモを鎮圧しようとした。だがアメリカは李承晩を見捨てた。マカナギー駐韓米国大使は李承晩大統領に「民衆の正当な不満に応えるべきである。一時しのぎはゆるされない」と最後通牒をつきつけた。軍部は厳正中立を表明した。李承晩大統領は四月二十四日、自由党総裁を辞任、李起鵬副大統領も当選辞退を表明した。四月二十六日、李承晩は下野を発表、二十七日、国会に辞表を提出、許政《フジョン》外務長官が大統領権限代行に就任、過渡内閣を組閣した。二十八日、李起鵬と夫人朴マリア女史、李承晩の養子になった長男康石、次男など一家四人全員はピストルで自殺した。下野後、李承晩が移った私邸梨花荘の前には連日のように長年の独裁政治を糾弾するデモがつづいた。

(5)　落ちた偶像

ハワイ亡命

五月二十九日早朝、前夜から極秘のうちに金浦《キムポ》空港に待機していたノースウエスト航空チャーター便に李《イ》承晩《スンマン》夫妻の二人だけが乗り込み、ハワイに亡命した。見送ったのはたった一人、許政《フジョン》大統領権限代行だけだった。一五年前、熱烈な歓迎のなか帰国した老革命家はいまや国民の憎悪と怨嗟《えんさ》の的となり、夜逃げ同然、こっそり故国を後にした。航空機に乗り込む李承晩の特ダネ写真をスクープしたのが李政権により廃刊され、下野後復刊した『京郷新聞』だったのもアイロニーだ。

李承晩が出国した後、報復と懲罰の旋風が吹き荒れた。不正蓄財した実業家にたいする追及がはじまり、不正選挙に関連した閣僚九人、自由党幹部一三人が逮捕された。デモ群衆に発砲を命じた崔仁圭《チェインギュ》内務長官、郭永周《カクヨンジュ》大統領警護室長や暴力団幹部らは死刑になった。

許政大統領権限代行による過渡政府は政権移譲をテキパキと進めた。六月に憲法を改正、内閣責任制と国会両院制、それに副大統領職廃止を内容とする改正案を採択した。第二共和国の発足だ。

七月に参議、民議両院の選挙が実施され、八月十二日、国会は第二共和国大統領に尹潽善《ユンボスン》を選出した。

ハワイに亡命した李承晩はその後、マウナラニ養老院で晩年を送った。養老院の窓から茫然と海を眺め、余生を送った老革命家の胸中に去来した想いがなんであったかは知るよしもない。祖国独立のため生涯を捧げ、一時は国父と崇められたが、最後は市民、学生から石もて追われ、異郷で孤独をかみしめる日々だった。ハワイ亡命五年後の六五年七月十九日、李承晩は享年九十で永眠した。

千里を走る虎も死ぬときは故郷に帰るという。李承晩は死後故国に埋められたいと熱望した。政府内では李承晩の葬儀をめぐり異見もあったが、しかし建国の功績を認め、国立墓地に埋葬することを決めた。李承晩の棺は米空軍機で運ばれ、空港に到着したとき軍楽隊は「故郷の思い出」を吹奏して亡骸《なきがら》を迎えた。沿道には物見高い人びとが霊柩車が通り過ぎるのを見守ったが、そこには哀悼の意も憎悪の色もなく、好奇心だけだった。

革命家李承晩は私生活にも恵まれなかった。同い年の初婚の妻朴氏は長男鳳秀《ボンス》（早死）を産んだが、李承晩の海外亡命で生き別れになった。李承晩は三四年、ジュネーブで知り合ったオーストリア出身のフランチェスカ女史と再婚した。朴氏は孤閨《こけい》を守ったが、解放後帰国した李承晩はフランチェスカ夫人に気兼ねして先妻と晴れて対面しなかった。朴氏は五〇年、ひっそりと死去した。

李承晩とフランチェスカ夫人との間には子供がいなかった。祭祀を絶やしてはならない儒教のしきたりで、同族李起鵬《イキボン》の長男康石《ガンスック》を養子にした。だが下野後、李起鵬一家が自殺する惨劇を目睹《もくと》した。その後、同族の李仁秀《イインス》が養子になりソウルに居住している。フランチェスカ夫人は李承晩没後、ソウルにもどり、養子のところに身を寄せ、九二年まで生存した。

アメリカも李承晩をもてあました

李承晩は韓国人の間で「外交は天才、内政は鈍才」といわれた。外交の天才といわれたのは親米反共路線でアメリカから巨額の経済援助をひきだし、共産主義者の侵略を阻止したからだ。

しかし李承晩の外交についてもきびしい評価が支配的だ。李承晩は国連外交で単独総選挙の決議を通過させ、政権の正統性を国際的に認知させた。その後も毎年国連に韓国に関する決議案を上程させる戦略に固執した。だがこの方式が固定化して、独自の路線を見出せなかった。

李承晩政権は北朝鮮と外交関係をもつ国家とは断交するという、かたくなな反共路線を堅持した。東ドイツと修交する国家とは断交するという西ドイツのハルシュタイン・ドクトリンの踏襲だ。これが韓国の国際的孤立に拍車をかけた。李承晩政権は休戦協定に調印しなかったので、その後の休戦協定の当事者から疎外される事態を招いた。

なによりも日韓関係に傷跡を深く残した。長年海外で反日独立運動をつづけた李承晩の反日強硬路線は両国の国交断絶を長引かせた。五〇年、マッカーサー元帥の招請で訪日した李承晩は吉田茂首相と会談した。そのとき吉田首相が四方山《よもやま》話のついでに「トラがまだいますか」と聞いたのに「加藤清正がみな殺ししてしまっていません」と返答、座が白けた。二人とも気が強く自尊心が強い政治家だ。互いに反発した。以後李政権期に四回も開催された日韓会談は意見対立で決裂、両国関係は冷え切ったままだった。

朝鮮戦争時に日本の警察予備隊を活用する案が流れたとき、李承晩は「もし日本兵が韓国にやってくるなら、わたくしは共産軍に向けている銃口を日本兵に向ける」と極言したほどだ。

李承晩は五一年、サンフランシスコ講和条約に韓国が戦勝国の一員として参加することをアメリカに要請した。だがアメリカは韓国が第二次大戦中、日本と正式に戦争状態に入っていなかったという理由でこの要求を拒否した。

戦後東京のGHQは日本列島周辺に線引きして日本漁船の操業を制限した。この線はマッカーサー・ラインと呼ばれた。李承晩は対日講和条約後、マッカーサー・ライン撤廃に備えて漁業資源保護のため平和線を宣言した。いわゆる李ラインである。平和線の韓国側に竹島（韓国名=独島《トクド》）が位置していた。日本はこの李ラインを不法であると抗議、漁労をつづけた。李承晩は不法漁労する漁船を拿捕《だほ》し、抑留した漁民の数は九二二人に達した。日本では反韓感情が沸騰した。

五九年十二月十四日から、在日朝鮮人の北朝鮮帰還がはじまり、六七年までに八万八六一一人が北に向かった。韓国政府はこれを阻止しようと躍起になったが失敗した。在日朝鮮人の北朝鮮帰還は第二次大戦後、自由世界から共産圏に自発的に集団移動した唯一のケースだ。日本政府は在日韓国・朝鮮人を厄介払いしようとした。戦争で荒廃した韓国の政府は国内のことで手が一杯だ。在日にまで手が回らない。棄民政策をとらざるをえなかった。それにたいして、北朝鮮は朝鮮戦争で人的資源が枯渇していた。送還者が搬入する財産が目当てで、おまけに人質にとれるというしたたかなねらいがあった。どんな理由があるにせよ、在日朝鮮人の集団北送は李承晩政権の外交で最大の過ちだった。

李承晩のジレンマ

海外生活四〇年の李承晩は国内情勢に疎かった。英字新聞しか読まなかったともいわれる。それで耳にする情報が偏る。

内政のミスでの最たるものは人事の失敗だ。李承晩は、アメリカ帰りと北の迫害を逃れて三八度線を越えてきた越南派を重用した。大統領自身がアメリカ帰りだ。長官、大使など要職に海外派を抜擢、起用した。解放後、韓国で経歴詐称がはやった。「アメリカ帰りで博士でないものはいない。中国帰りで将軍でないものはいない」といわれるほどだ。朝鮮総督府に勤務した官僚たちもほとんどを再任用した。訓練されたテクノクラートがいなかったせいだ。

だがこれらテクノクラートは親日という負い目がある。とくに軍部と警察がそうだった。それを抑えることができたのは李承晩の反日独立のカリスマ的権威だ。韓国軍は戦時中七〇万大軍に膨れあがった。軍はもっとも訓練された近代的組織であり、当時の韓国における最大最強の集団に育った。しかし軍首脳には日本軍勤務という親日の弱みがあった。あえて李承晩の権威に挑戦できなかった。しかし李承晩を中心とする反日一辺倒のアマチュア政治家グループとテクノクラートとの間に相克がはじまり、亀裂が生まれた。李承晩政権の不正と腐敗に失望したテクノクラートは野党支持に走り、野党内でも名門出身アマチュア政客グループの旧派にたいし新派グループを形成する。

李承晩は反日路線でナショナリズムをかきたて内政の失敗をカバーし、国民の不満を外に逸らそうとした。だが李承晩の反日路線は、激化する東アジアの冷戦に対処するため日本を軸とする北東アジア安保体制を築こうとするアメリカの戦略に背馳《はいち》した。アメリカは冷戦の最前線にある韓国の政局不安定は東アジアの安全保障体制を揺るがしかねないと判断した。アメリカは頑迷な老大統領をもてあまし、これ以上支持しないことに決めた。これが李承晩の没落の真因だ。アメリカは同じ理由で六三年十一月、ベトナムのゴー・ディン・ディエム政権の崩壊と軍事政権の出現を後押しした。

李承晩は建国の父として政権の平和的交代という伝統を残さなかった。アメリカの国父と仰がれるワシントン大統領は二期で引退、アメリカ大統領制で三選不可の不文律をつくった。だが李承晩は官権の選挙介入という悪しき前例をつくった。親日残滓《ざんし》を清算せず、後任者に負の遺産を残した。

彼に国土分断固定化の責任を押しつけるのは酷である。しかし独裁による長期政権で民主政治の歯車を逆転させた一半の責任はある。その点、大統領として彼の功過は独立の功績と独裁の過失で功罪半ばするといえる。だがこれは李承晩だけの責任ではない。韓国人全体の責任でもある。ジャーナリストとして政界にデビューした李承晩だが、九〇年の生涯を振り返り総括した回顧録を残さなかった。その代わり残したのは韓国における親米と反日、反共の伝統であり、大統領専制と長期政権という負の遺産である。

第2章

尹潽善

1897．8.26生—1990．7.18没
第4代 1960．8.13—1962．3.22

尹潽善大統領（右端）と張勉総理（中央）（提供・韓日ビジネス）

(1)　デモ共和国

内閣責任制改憲

第二代大統領尹潽善《ユンボスン》は六〇年八月十三日、就任した。李承晩《イスンマン》大統領が四月二十七日に下野してから一〇八日目のことだ。

大統領不在という異例の三ヵ月半の間、許政《フジョン》外務長官が過渡内閣首班の資格で大統領権限を代行して、事態収拾にあたった。政権打倒の先頭に立った学生、市民は政治集団に結集できなかった。それで旧政治勢力間の妥協となれ合いで政局は運営された。許政は李承晩の古くからの同志で李政権最後の外務長官に起用された。過渡内閣は新政権樹立までのつなぎだった。

許政首班は「革命的改革を非革命的方法で進める」と声明した。これはだれも満足しない政治的修辞にすぎない。過渡内閣は旧政権勢力の自由党と新たに政権を担当する民主党との妥協に注力した。李承晩下野後も国会は依然自由党が多数を占めた。向後政権を担当すると予想された民主党と生き残りを図ろうとする自由党はウラ取引した。両党は国会を解散せず、現存国会で内閣責任制へ憲法を改正することを決めた。これで民主党は議員の既得権を守れる。また自由党から政治資金を提供させる代わりに一時的でも自由党が政治的に生き残れる余地を残した。

憲法改正は急ピッチで進められ、六月十五日、二〇八票対三票の圧倒的多数で国会で採択された。新憲法は内閣責任制を柱として大統領を象徴的ポストに昇格させること、国会を参議院、民議院の両院で構成し、大統領は国会で選出すること、国務総理と閣僚は国会議員のなかから大統領が任命することを規定した。国会は権力構造の中心とされ、行政府の権限は弱体化した。

七月二十九日、新憲法による総選挙が実施され民議院（定数二三三人）は民主党が一七五人と定数の三分の二（一五五人）をはるかに上回る圧倒的勝利を収めた。自由党はわずか二人で事実上消滅した。いっぽう、革新勢力は五議席しか獲得できなかった。参議院（定数五八人）は民主党三二人、自由党四人だ。

総選挙の結果は有権者が民主党を唯一の政治指導勢力として認めたことを示す。しかしこれは民主党を積極的に支持することを意味するものではない。学生、市民が直接政治に参与できない状況のなか、野党だった民主党しか選択肢がなかったのだ。

新・旧両派の内紛

民主党は国会で絶対的多数を占めたとたん、おきまりの内紛が表面化した。民主党は新派と旧派に分かれていた。旧派は解放直後の地主階級など有産階級を代表した韓民党の流れをくむもので、地域的に中部と南部出身が多く金性洙《キムスンス》、申翼熙《シンイツヒ》、趙炳玉《チョビヨンオク》などがリーダーだった。しかし彼らが相次いで没したため、尹潽善、金度演《キムドヨン》系に分かれ集団指導制に移行していた。新派は軍政庁や李承晩政権の高級官僚や法曹界出身など実務にたけた新興テクノクラートが主流で、三八度線以北出身が多く、張勉《チヤンミユン》副大統領がリーダーだ。七月二十九日の総選挙で圧勝した民主党内の院内勢力分布は旧派が新派にくらべやや優勢だった。新憲法によれば実質的権力は総理にある。民主党旧派は院内優位を頼み、大統領と総理ポストを独占しようとした。新派は大統領職は旧派に譲る代わり総理ポストを手に入れる作戦を立てた。

八月十二日、国会両院合同会議は大統領に尹潽善を選出した。個性の強い金度演よりも名門出身でおっとりした尹潽善を新派も御しやすいとみて支持した。

焦点は国務総理選出に移った。尹潽善大統領は総理候補に自派の金度演を指名した。新派は当然反発した。キャスティングボートをにぎったのは無所属議員二十余人だ。無所属議員の団体「民政クラブ」は新・旧両派に、支持する見返りとして閣僚ポストを要求した。

八月十七日、国会での投票で金度演の総理承認は賛成一一一票、反対一一二票で在籍過半数一一四票に三票不足で否決された。二日後の投票で張勉は在籍過半数にわずか二票上回る僅差で承認された。

だがこの総理承認をめぐり新・旧両派の溝は決定的になった。旧派の尹潽善大統領と新派の張勉総理の対立相克は必然だった。ともかく内閣責任制の第二共和国が成立した。この第二共和国は六一年五月、軍部クーデタで打倒された。わずか一〇ヵ月の短命だった第二共和国の崩壊は新・旧両派の抗争内紛が原因で、それが軍部クーデタを呼んだのだ。

デモで夜が明けデモで日が暮れ

民主党に飽きたらず、はけ口のない有権者の不満はデモの形をとって噴出した。民主党政権のもとで韓国はデモで夜が明けデモで日が暮れた。学生と市民のデモが李政権を打倒した。デモの威力を実感したグループはことあるたび示威運動をくりひろげた。受持の先生の転勤に抗議して小学生までデモをしたほどだ。民主党政権期、デモは一八三五件、のべ九七万人が参加した。毎日平均七・三件のデモが発生、三八〇〇人が参加した計算になる。デモを防止する警察は弱体化し、手をこまぬいていた。民主党政権は警察官全体の一割を越す四五〇〇人を罷免した。しかも政権初期の三ヵ月間に治安担当の内務長官が三人も更迭された。行政機構は混乱のきわみだった。

連日デモがおきるなかでも、もっとも国民に衝撃を与えたのは六〇年十月十一日の国会乱入デモだ。その三日前、ソウル地方法院は三月の不正選挙関連者と四月十九日のデモ学生に発砲命令を下した責任者に判決を言い渡した。だが遺族、学生、市民団体は判決があまりに軽すぎると反発、全国各地でデモをくりひろげた。ソウルではデモで負傷した学生を先頭にして国会に乱入、革命立法を制定するよう要求した。国会議員はデモに右往左往するだけだった。政府や国会の権威は地に落ちた。デモは学生ばかりでない。朝鮮戦争のときパルチザンの疑いで殺害された人びとの遺族も名誉回復と責任者処罰を求めて集団行動にでた。当時の面長（村長）を警察に密告したとしてリンチを加え殺害した者もいた。

労働運動も活発になった。労働争議は前年の一〇九件から二一八件と倍増した。なかでも教員が労組結成にのりだした。李承晩政権時代、教育が政治に利用されたのを反省してつくられたこの教員労組はまたたくまに全国的組織に成長した。

マスコミによる政権批判も花盛りだった。李承晩政権下でマスコミは政権にたいしきびしい批判をつづけた。李承晩はアメリカの世論を気にしてマスコミにたいし徹底的弾圧をためらった。新聞は自由党政権の失政と不正選挙、これに抵抗する市民、学生の動きを詳しく報道した。もっとも新聞は権力を批判しなければ売れない。李承晩政権時代、反政府でもうかるのは新聞だけだといわれたほどだ。第二共和国になってマスコミは立法、行政、司法につぐ第四の権力になった。日刊新聞は一年前にくらべ四一紙から一一二紙、日刊通信は一四紙から二七四紙、週刊新聞は一三六紙から四七六紙に増えた。マスコミ乱立は似非《えせ》記者と悪徳記者も量産した。これが混乱をさらに助長した。

李承晩政権の没落後、それまで抑圧されていた革新勢力も台頭した。総選挙で革新勢力の社会大衆党がはじめて四議席を占めた。同党は自主統一のため南北交流を決議した。学生たちも統一シンポジウムを開催するなど統一への動きを活発に展開、進歩的政党、団体などは六一年二月、民族自主統一中央協議会を結成した。革新勢力は『民族日報』(趙鏞寿《チョヨンス》社長)を創刊するなど大衆への浸透をはかった。大学生団体は板門店《パンムンジョム》で五月二十日に南北学生会談を開催することを提唱するにいたった。

このような革新系の南北交流促進運動にアメリカと国内保守勢力は危機感を強める。学生、革新団体、進歩的政党による南北交流運動は北の思うつぼだ。これが軍部クーデタの口実にもなった。李承晩政権崩壊後、軍部クーデタまでの一年間はまさに百家争鳴、百花斉放の時期だった。それはまた混乱と無秩序が支配した時期でもある。冷戦の最前線にある韓国の混乱をアメリカは座視しなかった。アメリカが育てた軍部の介入は時間の問題だった。

(2) 尹潽善と張勉

名門出の郷紳

第二代大統領尹潽善《ユンボスン》は一八九七年、忠清南道牙山《チユンチヨンナムドアサン》で尹致昭《ユンチソ》の長男として出生した。尹致昭は旧大韓帝国末期に中枢院議政まで累進した名士だ。尹一族は従兄弟《いとこ》をふくめ長官、ソウル大学総長などを一三人も輩出した名門で、尹潽善の邸宅は後年、文化財に指定されるほどの宏壮なものだった。

彼は十五歳で東京に留学して正則英語学校などで修学したが、中途退学して一九一八年に上海に行き、李承晩《イスンマン》などの独立志士と交わり、多額の寄付をして最年少の臨時政府議政院委員になった。だが三年後渡欧、英国エディンバラ大学で考古学を学んだ。独立運動から考古学の勉学へはまったく違う方向転換だが、本人は「独立闘争をつづけ、革命のため一生を捧げる初志に変わりはなかった」と、後年語っている。

一九三二年、三十五歳になって帰国、その後一三年間どこにも就職せず、本場英国帰りの紳士として、もっぱら名士と交遊する不在地主の優雅な生活を送った。実務に携わらず高等遊民の暮らしを送った彼は、解放後韓民党結成に参加し、軍政庁から農産局と京畿道《キョンギド》顧問を委嘱《いしょく》された。

第一回総選挙では郷里で立候補したが落選、だが李大統領は彼を初代ソウル市長に任命、その後、商工部長官、赤十字社総裁などに登用した。しかしどのポストでも一年つづかなかった。尹潽善が李政権初期に重用されたのは李承晩と先代から家族ぐるみの親交があり、上海臨時政府時代のよしみがあったためだが、一度も宮仕えしたことのない尹潽善にとって、日々の行政業務に携わるのは苦痛であり、退屈きわまるものだった。回顧録に「商工部長官になってから三、四ヵ月たったらもう嫌気がさした」と書いている。民主党では院内総務に推されたが煩瑣な政党雑務にこりて、はやばやと辞めた。大統領になった後も青瓦台《チョンワデ》に訪ねてくる人びとの陳情攻勢に悩まされ「一日も早く青瓦台から逃げ出したい一念だった」と述懐したほどだ。

尹潽善は五二年、釜山《プサン》の第二回大統領選挙で李承晩の強引な政治手法に反発して訣別、野党の立場に立った。これは韓民党幹部尹潽善としては当然の選択だ。五四年総選挙で野党議員としてソウルの中心部鍾路《チョンノ》で当選して一躍野党旧派の重鎮としてクローズアップされた。

尹潽善の議員としての院内活動は見るべきものがなかった。しかしその経歴と豊富な人脈が幸いして野党の主要ポストを歴任、五七年、民主党中央委員会議長に、五九年には最高委員に選出された。しかも旧派のボスである趙炳玉《チョビョンオク》が六〇年の大統領選挙直前に急逝したため、尹潽善に旧派の最高指導者の座が転がり込んできた。

貧弱な政治活動にもかかわらず尹潽善が保守勢力の指導者になれたのは、韓民党創設メンバー、ソウル市長、商工部長官などを歴任した貫禄と、政治家にありがちなぎらぎらした金銭欲がない淡泊な紳士タイプだったのが買われたためだ。

彼は苦労知らずの坊ちゃん育ちで物事に恬淡《てんたん》だが、しきたりと序列を重視する両班《ヤンバン》の権威主義的思考にどっぷりつかっていた。その点、前任の李承晩と酷似している。両者ともに名門出という自尊心と実務に疎いという点で共通していた。

内閣責任制における大統領の地位は、象徴的な意味での国家元首にすぎない。総理が行政権の首班であり国政の最高責任者だ。

だが尹潽善はそのように受け止めなかった。前任李承晩大統領並みの権威と礼遇を要求した。位階秩序を重視する尹潽善は大統領といえば最高権力者と思いこんだ。大統領が旅行するばあい、特別列車を準備させ、総理以下全閣僚が送迎するよう指示した。組閣人事や内閣の政策にいちいち干渉した。民主党が一枚岩の政党で団結していたら、これはあまり大きな問題にならない。しかし尹潽善は総理指名で自派の金度演《キムドヨン》を指名して否決され、張勉《チャンミュン》が国会で総理に選出されると、挙国内閣を構成するよう促した。新派は強く反発した。新・旧両派の対立は日ましに激化して、旧派は九月に分党を宣言し、十一月に新民党を結成した。大統領と総理の不和反目がのちに軍クーデタが成功する決定的要因となった。

カトリック信者、張勉総理

第二共和国の実質的権力者だった国務総理の張勉《チャンミュン》（一八九九―一九六六）は洗礼名ヨハンが示すように篤実なカトリック信者だった。彼の生い立ち、政治経歴、そしてクーデタへの対応などすべてがカトリック信仰抜きでは理解できない。

張勉の父親張箕彬《チャンキビン》は先祖代々のカトリック信者で平安道《ピョンアンド》出身、官立英語学校を卒業、旧大韓帝国末に仁川《インチョン》海関（税関）に勤務した典型的中流階級である。

張勉は水原《スウォン》農林学校を卒業後、ソウル中央キリスト教青年学館英語科に進学した。同時に龍《ヨン》山《サン》天主教神学校の講師になった。この神学校で張勉から英語を教わった三歳下の生徒が盧基南《ノキナム》だ。張勉は3・1独立運動の翌年の一九二〇年、キリスト教青年学館を卒業、ニューヨークのマンハッタン大学で教育学を専攻した。

一九二五年の帰国後、カトリック平壌《ピョンヤン》教区で語学教師、天主堂事務長、青年会長などを歴任、三一年にソウルのカトリック系東星《トンスン》商業学校教師に赴任、その後、同校校長をはじめソウル市内のカトリック関係学校の仕事をこなした。

いっぽう、神学校で張勉の薫陶をうけた盧基南はその間、韓国最初のカトリック教区長になり、司教として韓国カトリック教会を代表するようになった。

第二次大戦前夜の当時、朝鮮総督府はキリスト教を敵視し、いろいろ難癖をつけて教会を迫害弾圧した。そのつど盧基南司教は張勉校長とともに教会を守るため奮闘した。張勉は総督府の圧力をかわすため玉岡勉と日本式名前に創氏改名せざるをえなかった。日本の弾圧に抵抗するうちに、両者の間に深い信頼と連帯感が生まれた。

張勉は東星商業学校校長として解放を迎えた。米軍は九月九日、ソウルに進駐、翌日曜日にソウル明洞《ミヨンドン》大聖堂でニューヨーク教区大司教であるスペルマンが執典するミサが行われ、米軍将兵多数が参列した。アメリカ人としてはじめて枢機卿《すうきけい》になったスペルマン大司教はアメリカのカトリックを代表する人物で、第二次大戦の従軍神父、牧師の頂点に位置した。

スペルマンが明洞大聖堂でミサをあげたことは韓国カトリックの地位をいやが上にも高めた。盧基南司教はカトリック代表として張勉の政界進出を積極的に支援した。張勉は軍政庁諮問機関の民議院の議員二五人の一人に選ばれた。

一九四八年五月、第一回総選挙でも無所属で立候補、当選した。このときカトリックは全力をあげて張勉を支援した。当時、カトリックは『京郷《キヨンヒヤン》新聞』を所有していた。『京郷新聞』は海外カトリック団体からの豊富な資金援助でマスコミのなかでもっとも社勢が伸びていた。

教育家張勉が政治家に転身したのは四十八歳のときだ。だが張勉の国会議員生活は三ヵ月たらずだった。李承晩大統領は張勉に十二月、パリで開催される国連総会に韓国代表団首席として出席、韓国が朝鮮半島の唯一合法政府であるとの承認をとりつける任務を託した。

張勉の政界入り

張勉の首席任命は異例の抜擢だ。このとき、代表団には趙炳玉も大統領特使として合流した。趙炳玉は独立運動の経歴があるうえ、韓民党創立から党の重職を占め、軍政庁期は警察の総帥として左翼と闘った治安の責任者だ。趙炳玉にくらべて張勉の政治的経験ははるかに劣る。教育家の経歴しかない。

だが李承晩は張勉を起用して趙炳玉を牽制するいっぽう、全世界のカトリックパワーを活用することを計算にいれた。バチカン法王庁駐韓使節パトリック・バーン神父は張勉がアメリカ留学中に一時いたメリノール神学校の恩師で、その後、平壌教区長になり、張勉はその下で勤務したことがある。バーン神父はカトリック諸国の国連代表に張勉を推薦する紹介状を認《したた》めた。

四八年十二月、国連総会は韓国承認の決議案を賛成四八、反対六、棄権一の多数で可決した。張勉は帰路、ローマ法王庁を訪問、さらにニューヨークに寄り、母校から名誉法学博士号を授与された。

四九年一月一日、アメリカは韓国を承認すると発表した。その直後に張勉は本国政府から初代駐米大使に任命すると通報をうけた。李承晩が張勉を駐米大使に任命した理由もやはり、アメリカのカトリックの支持を獲得するためだ。アメリカではカトリックはプロテスタントにくらべ少数だが結束力は強い。

張勉が駐米韓国大使館を開設して三ヵ月にもならない五〇年六月二十五日、朝鮮戦争が勃発した。張勉大使は国連安保理事会で北朝鮮の不法侵略を訴え、安保理事会は九対〇で北朝鮮を侵略者と糾弾した。これが国連軍参戦のきっかけになった。このときソ連は台湾が安保理事会に常任理事国として出席するのに反対し、理事会をボイコットしていた。ソ連の拒否権発動がなかったので決議案は通過した。もしソ連が出席していたら拒否権発動で国連軍参戦はできなかった。

張勉の政治家としての功績は国連の韓国承認決議を実現させ、朝鮮戦争にさいしアメリカと国連の軍事的支援を即時実行させたことだ。戦争のまっただなか、九月に張勉は国務総理に起用され、十一月二十三日、国会の承認をうけ、翌五一年一月末、帰国して総理に就任した。

李承晩が張勉を総理に起用したのは国会の深刻な対立のせいだ。五〇年五月、第二回総選挙で野党が多数を占めた。初代総理李範奭《イブンスク》が五〇年四月に辞任した後、李承晩は李允栄《イインニョン》、申性模《シンスンモ》を相次いで総理に指名したが、野党多数の国会は承認を拒んだ。李承晩は海外にいた張勉を総理に指名、ようやく国会の同意をえた。だが張勉の総理在任中、李承晩と国会との軋轢《あつれき》はますます深まった。

張勉副大統領

一九五二年七月に大統領任期が満了する李承晩の国会での再選は絶望的だった。李承晩は再選のため与党自由党の結成と大統領直接選挙を内容とする改憲工作を進めた。与党結成工作は無所属議員を抱き込み院内自由党をつくる。それにくわえて大統領直接選挙に備えて社会団体を中心とした院外自由党を創設する作業を並行して進めた。皮肉なことに院内自由党は李承晩の意向に反して野党と内通して内閣責任制への改憲を図った。これらはアメリカの受けがよい張勉を内閣責任制での大統領に推戴する計画だった。アメリカも李承晩の独裁に手こずっていたので穏和な張勉を支持した。

五二年一月、国会は李政権が提出した大統領直接選挙制の改憲案を賛成一九票、反対一四三票の圧倒的多数で否決した。野党は四月十七日、改憲案採択に必要な議員数一二三人が署名した内閣責任制改憲案を提出した。これをうけて張勉総理は四月十九日に辞任した。野党は六月二日、国会で張勉を大統領に選出、ただちに内閣責任制改憲を断行する構えだった。

だが李承晩は即座に反撃した。李政権は五月二十五日、戒厳令を宣布して、野党議員五十余人を憲兵隊が連行した。七月四日、警察が国会を包囲するなか、大統領直接選挙を内容とする改憲案が採択され、八月五日、大統領選挙で大統領李承晩、副大統領咸台永《ハムテヨン》が選出された。これがいわゆる「釜山政治波動（政変）」である。

このとき張勉は米軍病院に逃避して憲兵隊の逮捕を免れた。以後張勉は『京郷新聞』顧問として野に雌伏する。

五五年、李承晩の独裁に対抗して合同野党民主党が発足した。張勉はここで最高委員五人のうちの一人に選出された。代表最高委員は申翼熙《シンイッヒ》（旧派）で、旧派三人、新派二人の比率だ。

民主党は発足当初から韓民党をルーツとする旧派とそれに属さない新興勢力の新派が混在同居した。

民主党結党で張勉は三年ぶりに政界に復帰した。しかも国連代表団長、初代駐米大使、国務総理など華麗な経歴をもつ張勉は、新派のリーダーに推戴された。

五六年、第三回大統領選挙で民主党大統領候補に申翼熙、副大統領候補に張勉が指名された。だが選挙運動中に申翼熙候補は急逝、張勉は与党自由党候補李起鵬《イキボン》を二〇万票の僅差で退け副大統領に当選した。ここで正副大統領の党籍が異なるねじれ現象が生まれた。しかも大統領は八十一歳の高齢だ。大統領にもしものことがあれば副大統領が継承する。李承晩政権は危機感を覚えた。

張勉が副大統領として過ごした四年間は格子なき監獄の生活だった。正副大統領就任式で李承晩大統領は内外貴賓に政府閣僚を紹介しながら副大統領を無視除外した。国会議事堂起工式に副大統領の座席を設けず、張勉副大統領は踵《くびす》を返さざるをえなかった。五六年九月、民主党全党大会会場で暴漢が張勉を狙撃する事件がおきた。軽い負傷で終わったが、この暗殺未遂事件は警察が背後で糸を引いたものと疑われた。張勉副大統領は李承晩政権が崩壊するまでまったく無視された存在だった。李承晩政権はカトリック系『京郷新聞』のコラムに言いがかりをつけ、五九年四月、廃刊処分にした。これも張勉にたいする間接的圧力だ。

六〇年三月、大統領選挙で民主党の正副大統領候補は趙炳玉と張勉に決まった。だが趙炳玉候補は病気治療のため渡米したものの急逝した。与党自由党はまたしても李起鵬を副大統領候補に立てた。今回こそぜひ李起鵬を当選させようとしてあらゆる不正選挙の手口を行使した。開票結果は李起鵬八三三万票、張勉候補一八四万票だった。与党自由党までこれはやりすぎたと言ったほどだ。不正投票に対する抗議デモがきっかけになって李承晩政権は崩壊した。

(3)　内閣責任制の矛盾

権力の二重構造

旧派の尹潽善《ユンボスン》大統領、新派の張勉《チャンミュン》総理という同床異夢政権は初の組閣人事から難航した。当初、両派は閣僚ポストをそれぞれ五人と無所属二人に分配する挙党内閣にするとの原則に合意していた。だが双方ともにこの原則に不満だ。旧派は自派閣僚の任命権を要求した。張勉はこれを拒否、八月二十三日スタートした張勉内閣は新派一〇人、旧派一人、無所属二人という新派単独内閣になった。

しかし新・旧両派の少壮議員は長老支配の党運営方式に反旗をひるがえした。朝鮮王朝時代の党争の再現だ。張勉はわずか二週間後に内閣を改造、旧派五人を閣僚に任命するなど迷走をくりかえした。旧派が分党を宣言した九月の時点で、民議院の勢力分布は民主党新派九五人、旧派八六人、無所属の集まりである民政クラブ四一人、その他九人だ。民議院過半数は一一六人なので新派だけでは安定多数に及ばない状況だった。

しかし旧派は十一月、分党を断行、新民党の看板をかかげた。民主党は結党五年にして政権の座についたとたん仲間割れした。路線対立や政策の異見ではない。ようするに閣僚ポストと利権の分配をめぐる分裂だ。

民主党分裂は尹潽善と張勉の対立に飛び火した。内閣責任制で大統領は党籍を離脱して政争には超然としなければならない。尹大統領と張勉総理の対照的な性格を物語るハプニングがおきた。張勉内閣発足直後、尹大統領秘書室は明朝大統領が地方巡視にいくので閣僚全員がソウル駅に見送りにでるよう指示し、総理以下その指示に従った。これが報道されると世間は権威主義の大統領と争いを好まない総理の対照的な行動をあげつらい、両者ともに内閣責任制政治のあり方について理解不足だと論評した。

尹潽善は旧派を擁護して閣僚人事に容喙《ようかい》した。大統領官邸に旧派政客を呼んで張勉内閣を非難する言動をくりかえした。前政権で任命した道知事、市長の更迭についても遺憾であると声明した。張勉内閣が「大統領がなぜ容喙するのか」と反撃すると「国家大事にたいして国民の一人として発言するものだ」と応酬した。

六一年一月、国会での新年式辞で尹大統領は現時局は国家的危機であり、政争の休戦を呼びかけ挙国内閣を呼びかけた。張勉内閣はこの発言を危機感をあおるものだと反発した。

両者は三月二十三日、大統領官邸の会談でとうとう激突した。その前日夜にソウルで反共法、デモ規制法制定反対を訴えるたいまつ行列があった。これは張勉内閣のときの最後の大規模デモで、とくに夜間にたいまつ行列したので世間に大きな衝撃を与えた。

大統領官邸には政界指導者が参集した。この場で尹大統領は「現状でダメなら、政権担当者を変えたらどうか」と発言、張勉は顔を青ざめ事態の推移について釈明した。これが外部に伝わり「大統領は総理に政権移譲を迫った」と報道された。民主党は激高した。大統領がこのような国政干渉をするなら党は座視しないと極言した。両者の関係は決定的にこじれた。

軍部クーデタがおきたとき、二人は力を合わせて鎮圧しようと努めるどころか、お互い連絡すらとらなかった。新・旧両派のポスト争いで一〇ヵ月の間に張勉内閣は三回も改造され、国防部長官は三人、陸軍参謀総長は四人が更迭された。軍の統制が乱れるのは当然のなりゆきだ。


雲隠れした総理、クーデタを容認した大統領

一九六一年五月十六日未明、朴正熙《パクジュンヒ》少将が指揮するクーデタ部隊が漢江《ハンガン》を渡ってソウルを占拠した。

張都暎《チャンドユン》陸軍参謀総長は朴正煕少将のクーデタ陰謀を知りながら二股をかけた。張都暎中将は日本の東洋大学史学科在学中、学徒出陣して日本軍少尉に任官、解放後国防警備隊に入隊した。英語が流暢で米軍顧問官の受けがよく政権べったりの将軍だった。張中将を参謀総長に任命したのは米軍首脳の意向を汲んだこともあるが、張勉総理が同郷、同姓のよしみで抜擢したものだ。その参謀総長に裏切られた。

当時、半島ホテル八〇九号室に寝泊まりしていた張勉総理は、クーデタ部隊に逮捕される直前に車でホテルを脱出、安国洞《アングックドン》の米大使館員宿舎（現在の駐韓日本大使館と道路一つ隔てた北側）に避難した。だが身分を明かさなかったので、守衛は怪しんで門を開けなかった。張勉一行は一キロほど離れた恵化洞《ヘファドン》のカルメル修道院に身を隠した。その後、クーデタが既成事実として受け入れられた十八日昼まで外部と一切の接触を絶った。国軍統帥権を行使する総理が行方不明になった。ほかの閣僚もクーデタ部隊に逮捕された。

尹大統領は十六日明け方、クーデタの報せに接したが大統領官邸から動かなかった。十六日昼に朴正煕少将がクーデタ部隊幹部を帯同して大統領官邸にやってきた。官邸には玄錫虎《ヒュンスツホ》国防部長官と張都暎陸軍参謀総長が待機していた。

尹大統領は朴正煕少将に向かって開口一番「とうとうおこるべきことがおきた」と発言した。この発言は現在にいたるまで論難の対象になった。尹大統領がクーデタを期待していたような口ぶりだったという解釈だ。続いて尹大統領は「国を救うにはこの道しかなかった」といって張勉内閣をつづけざまに非難してクーデタを賞賛したという。

だが後日の尹潽善の弁明は違う。クーデタ部隊幹部を接見するさい、あまり嘆かわしかったのでそのような嘆息を漏らしたと釈明する。ともかく尹大統領は「国軍同士流血の惨事にならないよう事態を収拾せよ」といいつけた。

全員退出した後、朴正熙少将などクーデタ軍幹部が再び現れ「われわれは大統領に過去も忠誠を尽くし、今後も変わらない」と誓った。張勉内閣を追い出せば権力を尹大統領に引き渡すという口ぶりだった。

尹大統領はその場で即座に反応を見せなかった。だが米国務省資料によれば、その後、尹大統領はクーデタ部隊に使者を差し向けて、もし大統領が新しい総理を任命すれば軍は権力を移譲して撤収するかどうか打診した。権力を掌握する下心をかいま見せるものだ。いっぽう、アメリカはクーデタ直後から張勉総理が指導する合憲的政権を支持すると米軍放送を通じて再三表明した。マーシャル・グリーン駐韓米国代理大使とマグルーダ米第八軍司令官は尹大統領を訪問、「クーデタ部隊は四〇〇〇人足らずの兵力にすぎない。四万人の兵力さえ動員すれば簡単に制圧できる」とクーデタ鎮圧を強く迫った。だが尹大統領は「国軍同士が戦えばソウルは火の海になり、その隙をねらって北が南侵する」として反対した。グリーン代理大使は「閣下のこの決定で韓国はこれから長い間軍部統治のもとに置かれるでしょう」と警告を残して退出した。グリーン代理大使は米合同参謀本部宛に「尹大統領は張勉総理を追い出そうとしてあらゆる法的手続きを探し求めている」と報告した。尹大統領は十六日午後、クーデタ部隊が要求した戒厳令を承認し、翌十七日に「軍事革命委員会が政府機能を代行する」と声明して張勉内閣退陣を既成事実として認めた。また第一軍司令官などソウルを包囲する軍団長たちに大統領秘書官を派遣して「北朝鮮が南侵を窺っている。貴官は後方のいかなる政治的変化にも意を介さず前線の防備に最善を尽くすことを望む」という親書を届けさせた。尹大統領はクーデタを黙認ないし幇助《ほうじょ》したといえる。

張勉は修道院でラジオをつうじて状況を把握していた。十六日午前中にグリーン代理大使とも連絡がとれた。だが統帥権を発動しての鎮圧命令を出さなかった。張勉は流血の惨事を恐れた。むしろ無能な政治家と罵倒され、汚名を甘受するほうを選択した。彼は十八日昼、政府庁舎に姿を現し内閣総辞職を発表した。第二共和国は実質一〇ヵ月の短命で終わった。

張勉内閣の業績

わずか一〇ヵ月の短命だったが、張勉内閣はその後の軍事政権の外交、経済政策のレールを設定した。

李承晩《イスンマン》政権の反日外交から一転、日本との外交関係樹立にとりくんだ。張勉内閣が発足した二週間後の九月六日、小坂善太郎外相が訪韓した。解放後日本政府高官が韓国を訪問したのはこれがはじめてだ。両国外相は国交正常化のための日韓会談の再開に合意した。また、李承晩政権崩壊直後の五月四日には日本の報道機関特派員の韓国入国が認められた。

日韓会談再開は両国にとって緊急課題だった。五〇年代に高度成長をつづけていた日本にとっては新たな市場開拓が必要だった。経済再建にとりくむ張勉内閣も日本からの資本導入の必要に迫られていた。

六〇年十月、第五次日韓会談が東京で開催され、対日請求権という名称で賠償金問題を討議したが、日本はまだ張勉内閣が安定していないとみて、会談の進行に熱意を見せなかった。日本は韓国にたいして賠償という名称を使うのを拒否したので請求権になった。しかし張勉内閣は国交正常化以前にも日本の民間借款導入と在日韓国人資本の搬入を決めた。

六一年はじめ、日本は対韓経済使節団派遣を発表した。だがこれは国内に大きな反対運動を巻き起こし、霧散した。

五月六日、野田卯一《ういち》議員を団長とする国会議員一行が訪韓して両国の協力方策を論議した。一行には戦前大田《テジョン》で理研工場の疎開工事を請け負っていた田中角栄議員もいた。田中は当時、郡守だった金永善《キムヨンスン》財務長官と再会、旧交を温めた。

だが一行が帰国した直後、クーデタがおき、対日国交正常化は朴正熙政権になって成就した。そのとき対日請求権は五億ドル（無償三億ドル、有償二億ドル）で妥結した。これについて張勉内閣の外務長官だった鄭一亨《チョンイルヒュン》は「張勉内閣のとき、日韓会談で韓国は一二億ドルを要求、日本は八億ドルを提示して意見がまとまらなかった。朴政権はたった三億ドルで妥協した。売国的行為だ」と痛烈に批判した。

対日和解の方向転換はアメリカの圧力があったにせよ、ともかく張勉内閣からはじまった。そのいっぽうで張勉内閣は経済第一主義をかかげ、経済開発を重点的に進めた。アメリカの三〇年代のニューディール政策のテネシー河開発（ＴＶＡ）計画を模倣して、失業対策のためダム、道路建設、農地開墾、水資源開発など公共事業を大々的に展開した。国土建設事業に失業中の青年を動員した。張勉内閣の金永善財務長官は公開の席上、韓国が経済面で北朝鮮より三─五年も立ち遅れていることを具体的数字をあげて率直に認め、北朝鮮との経済戦争で立ち遅れている現実を克服するため全力をあげなければならないと演説して大きな反響をまきおこした。

張勉内閣は経済開発五ヵ年計画を立案、計画案を四月にほぼ完成した。この計画案の大部分は米国援助を想定している。実務者が渡米、アメリカ当局と協議中にクーデタがおきた。計画は日の目を見ることなく廃棄された。

しかし軍事政権はこの計画案にとびついた。経済再建を公約にかかげた軍事政権は経済建設の青写真を必要とした。張勉内閣でまとめた五ヵ年計画を表紙だけとりかえた。軍事政権はクーデタ二ヵ月目の六一年七月二十二日、経済開発を担当する経済企画院を新設、六二年からはじまる総合経済再建五ヵ年計画を発表した。これが朴正熙大統領の一八年の長期政権を支えることになる経済開発のシナリオになった。

(4)　前大統領の抵抗

下野後の尹潽善

尹潽善《ユンボスン》大統領はクーデタ後も一〇ヵ月の間大統領ポストに留まった。軍部は張勉内閣を追い出し、国会、政党など政治的活動を一切禁止したが尹大統領を留任させた。これは内閣責任制のもとで大統領は国政遂行に直接責任がないという理由だ。本音は大統領が国家体制の連続性を保障する唯一の憲法機関なので、留任させざるをえなかった。さもなくば外国政府から新政権の承認を受けなければならない。

軍部は国家再建最高会議をつくり、この機構が立法、行政、司法の三権を掌握した。尹大統領は完全に疎外された。軍部はクーデタの名分に反共と腐敗、旧悪の一掃をかかげ、この任務を達成すれば清新で良心的な政治家に政権をゆずり、本来の任務に復帰すると公約した。尹大統領は、軍部になるべく早い時期に民間に政権を移譲するよう催促したが黙殺された。銃口によって権力を奪取した軍事政権はそう簡単に権力を放棄しない。

クーデター〇ヵ月後の六二年三月、軍事政権は政治活動浄化法を制定した。同法はクーデタ以前に活動したほとんどの人士に六八年まで六年間政治活動を禁止するものだ。民政に移行するのに備え、旧政治家の活動を封じ、軍出身の新人を有利にする内容だ。

最高会議でつくったこの法案は最終的には大統領の署名が必要だ。尹潽善は法案署名後、同法の趣旨に抗議して大統領職を辞任した。以後尹潽善は朴正熙政権に反対する抵抗勢力の代表になった。軍事政権はアメリカの圧力により、六三年十月十五日に大統領選挙を実施して民政に移行することを約束した。六三年一月から政治活動が自由化された。民間政治家はアンチ軍事政権の旗印をかかげ大統領選挙に向け動いた。かつての民主党旧派は尹潽善の周囲に集まり、新派は尹潽善がクーデタを黙認、幇助したと非難して、許政を擁立《フジヨン》した。しかし大勢は尹潽善支持に流れ、許政は投票直前、候補を辞退、大統領選挙は朴正熙と尹潽善の対決になった。

ケネディ政権は軍事政権に反対で、陰に陽に尹潽善候補を支援した。軍事政権は民政移行を公約したが、密かに軍政延長を画策した。アメリカはこれに苛立《いらだ》って経済援助供与を延期するなど圧力をかけた。六三年夏は凶作で食糧価格が高騰した。選挙をひかえ物価安定が至上課題だ。軍事政権は極秘裏に三井物産と交渉して、カナダ産小麦一〇万トン、六四〇万ドル分を延べ払い条件で導入した。小麦販売代金は与党選挙資金に活用された。

尹潽善候補は選挙遊説中、朴正煕候補の左翼前科を暴露した。これが大きな波紋を呼んだ。だが思想論争と呼ばれたこの暴露はむしろ尹候補にマイナスになった。韓国人のなかで解放後一時的だが左翼にかぶれた人が多い。彼らは尹候補の暴露に反発した。

選挙の結果、朴正煕と尹潽善は四七〇万票対四五四万票で、尹潽善はわずか一五万六〇〇〇票の僅差で敗北した。つづいて十一月に実施された総選挙で尹潽善が率いる民政党が野党第一党になり、野党リーダーとして確固たる地歩を占めた。

最後の意地

朴正煕政権は六四年になって日韓国交正常化交渉を本格的に進めた。尹潽善が率いる民政党は日韓会談を売国外交と罵倒、対日屈辱外交反対闘争委員会を結成した。尹潽善は日韓国交正常化反対の先頭に立ち、条約の国会批准を阻止するため議員職を辞任した。だが日韓国交正常化は日本や韓国サイドの切実な課題だっただけではない。アメリカの冷戦戦略の重要なポイントだった。アメリカは尹潽善を見捨てた。

尹潽善の極端な闘争方式にたいし野党内穏健派は不満だった。野党が合同した民衆党結成大会で尹潽善は党首に選ばれなかった。

六七年五月の大統領選挙で、尹潽善はふたたび野党候補に推されたが、経済開発の実績を誇る朴正熙大統領に一一六万票の大差で敗北した。

七一年の大統領選挙では旧民主党新派の流れをくむ金大中《キムデジュン》が野党大統領候補に選ばれたことで、事実上尹潽善の政界での経歴は終わった。尹潽善の独善的で排他的な鮮明野党という政治路線は野党穏健派の支持を得られず、野党勢力を弱体化、萎縮させた。

だが七二年、朴正熙政権は維新独裁体制を断行した。維新独裁体制下で国会の野党活動はごく制限された。国会内の野党、いわゆる合法的活動が認められる野党は現実妥協路線に傾いた。独裁にたいする闘争は国会の外で政治活動をするしかない。尹潽善は元老として金大中などとともに、在野の反維新独裁体制運動に参加した。そのため七四年、七六年に相次いで大統領緊急措置違反などの罪名で懲役八年を言い渡された。だが朴政権も大統領経験者、高齢の尹潽善を収監することをためらった。尹潽善はひきつづき在野指導者として民主化運動をつづけ、在野運動の象徴となった。軍事政権誕生に一助した尹潽善がその晩年、軍事政権打倒の先頭に立ったのは歴史のアイロニーだ。

尹潽善は宿命のライバルだった朴正熙大統領が非業の最期を遂げた後、政界から完全に引退した。九〇年に九十二歳の高齢で没した尹潽善は歴代大統領の墓地である国立墓地への埋葬を拒否した。朴正煕と同じ墓地に埋葬されたくないと意地を見せた。元大統領のせめてもの心意気だ。

第二共和国瓦解《がかい》とともに内閣責任制も吹っ飛んでしまった。クーデタを鎮圧できなかったのは二元化した権力のせいにされた。韓国人のなかで内閣責任制にたいする拒否反応の伝統が生まれた。

だが制度でなく運用する人が問題なのだ。実務経験がなく、修羅場をくぐったことがない名門出身のアマチュア政治家は危機管理能力に欠ける。乱世に向いていない。羊に率いられたオオカミの群れよりオオカミに率いられた羊の群れが強いという。「ソウルの春」といわれ、解放後もっとも自由な政治活動が許されていた第二共和国の短い内閣責任制の実験はそれを証明する。

クーデタで失脚した張勉はその後蟄居、五年後の一九六六年ひっそりと亡くなった。クーデタを阻止できなかった張勉の無能にたいする世間の非難はまだ絶えない。しかし一九九九年張勉誕生百周年を契機に彼を再評価する気運が生まれた。百周年記念の集会に金大中大統領も参席して追悼辞をのべた。金大中は張勉に引き立てられ政界入りした因縁がある。張勉は人間としては立派な人格者だった。しかし乱世の政治家としては失格だった。

第3章

朴正熙

1917. 9.30生—1979.10.26没
第5代 1963.10.15—1967. 5. 2
第6代 1967. 5. 3—1971. 4.26
第7代 1971. 4.27—1972.12.22
第8代 1972.12.23—1978. 7. 5
第9代 1978. 7. 6—1979.10.26

5・16クーデタ直後の朴正熙少将（中央）（提供・韓日ビジネス）

(1) 極端な毀誉褒貶

定まらぬ毀誉褒貶

朴正熙《パクジュンヒ》大統領ほど評価が極端に分かれている大統領はいない。歴代大統領のうち、だれを評価するかという韓国の世論調査で、朴正熙大統領はつねにトップの座を占める。しかし彼を独裁者、韓国経済を歪《ゆが》ませた張本人と酷評する向きも多い。

韓国人のなかには、朴大統領を三国を統一した新羅《シルラ》の文武王《ムンムワン》(在位六六一―六八一)、ハングルを制定した朝鮮王朝の世宗王《セジョン》(在位一四一八―五〇)、豊臣秀吉の朝鮮侵略を撃退した李舜臣《イスンシン》将軍(一五四五―九八)と肩を並べる偉人だと崇敬する人がたくさんいる。そのいっぽう、背信と弾圧をほしいままにして韓国の民主主義を圧殺し、最後に自身も腹心から裏切られ暗殺された暴君と指弾するものも少なくない。

だが朴正熙が北の金日成《キムイルスン》と並んで韓国現代史を動かした双璧であることは否定できない。大統領としての彼の業績は光と闇が絡み合っている。光とは開発独裁を強行して最貧国だった韓国経済を高度成長させ先進国入りする基盤をつくったことだ。これにより南北の体制競争で北に立ち遅れていた韓国が北を圧倒して優位に立てた。なによりもそれまで負け犬根性が染みこんでいた韓国人に「なせばなる」という自信を植え付けた。これが朴正熙大統領が残した最大の寄与だ。

だが光がまばゆければ、その影もまた暗い。彼の親日経歴、背信と転向、人権蹂躙《じゅうりん》と圧制、それに非業の最期にまつわる陰惨な記憶はせっかくの治績を帳消しにする。彼の一生をつづったある伝記のタイトルは『わが墓につばせよ』というものだ。その題名のようにいまなお彼を崇敬する人と、つばする者とがはっきり分かれている。

しかも最近韓国で朴正熙にたいする再評価が生まれている。それにも世代差がある。若い世代にとって独裁政権時代の暗鬱な記憶はない。朴正熙は清廉潔白で強力な指導者として理想化されている。熟年の世代にとっては一生懸命がんばった自分たちの青春の思い出とオーバーラップして、高度成長の先頭に立ったリーダーとして美化されている。

国内ばかりではない。日米両国でも朴正熙にたいする評価が異なる。アメリカでは朴正熙を自国内で人権蹂躙をくりかえし、アメリカ政界まで買収しようとしてコリアゲートなどのスキャンダルをまきおこした好戦的独裁者というイメージが強い。

しかし日本では朴正熙を高く評価する人が多数だ。朴政権のとき、二〇年ぶりに日韓国交が正常化され、両国経済は雁行《がんこう》して発展した。金大中《キムデジュン》拉致《らち》事件などゴタゴタがあったものの基本的に日韓関係は良好だった。

とくに日本の保守勢力は親日的人士が朴政権に多数布陣しているのに親近感を寄せた。朴政権末期、日本マスコミはその独裁をきびしく批判した。だが朴正熙の死後、時間がたつにつれ、朴正熙を再評価する声が日本で高まっている。それは朴正熙のなかに体現している戦前の日本的なものにたいする共鳴と再評価だ。

朴正熙大統領は前任の李承晩《イスンマン》、尹潽善《ユンボスン》両大統領が親米派だったのとは対照的に反米、親日的だった。彼がクーデタで政権を奪取して悲惨な最期をとげるまでの一八年間、たえずアメリカとの確執がくりかえされた。朴正熙が悲惨な最期をとげたウラにアメリカの影が見え隠れする。

(2) 四回も換えた軍服

生い立ち

朴正熙《パクジュンヒ》は一九一七年九月三十日、慶尚北道《キョンサンプクト》の片田舎、善山郡亀尾《スンサングミ》で貧農の五男二女の末っ子として出生した。家は貧しかったが、亀尾普通学校を優等で卒業、三二年に授業料免除の大邱《テグ》師範学校に進学できた。

当時は早婚が一般的な風習だった。師範学校四年生のとき、親の勧めに従って結婚をした。一九三六年二月二十六日、東京で昭和維新を叫び決起した青年将校の決起事件がおきた。

2・26事件の首謀者の一人磯部浅一元大尉は大邱に駐屯する第八〇連隊に勤務したことがある。それだけにこの事件は朴正熙の脳裏に深く刻まれた。三七年三月、卒業生七〇人のうち六九番の席次で卒業、辺鄙《へんぴ》な聞慶《ムンギョン》普通学校に赴任した。

この年、日中戦争がはじまった。朝鮮で陸軍特別志願兵制度が施行され、朝鮮人も軍に動員されるようになった。朴正熙はうだつのあがらない田舎教師として一生を暮らす気はなかった。妻とも不仲だ。朴正熙の目は満州に向けられた。

「橇《そり》の鈴さえ淋しくひびく　雪の曠野《こうや》よ町の灯よ

一つ山越しゃ　他国の星が　凍りつくよな国ざかい……」

歌謡曲「国境の町」に歌われた満州は日本や韓国で志を得られない若者にとっての新天地だった。日本はここに満州国をつくり「五族協和、王道楽土」の国をつくると宣伝した。日本の傀儡《かいらい》だったこの満州国は、新しい国づくりの熱気でむんむんしていた。でっかい夢と利権がころがっている坩堝《るつぼ》だった。金日成《キムイルスン》や劉少奇《りゅうしょうき》の抗日パルチザン活動もここでくりひろげられた。日本の右翼も左翼くずれも、古いしがらみのない満州をニューフロンティアだとして流れてきた。

満州に行けば本国より自由だ。満州で朝鮮人は日本人につぐ地位を占め、威張ることができた。朴正熙は四〇年四月、満州軍官学校に入学した。受験年齢は十九歳までだ。二十二歳の朴正煕は年齢制限に引っかかったが、特例として受験が認められ、合格生二四〇人のうち一五番の成績だった。朴正煕は創氏改名政策により高木正雄と改名したが、のち岡本実とさらに改めた。

四二年、朴正煕は満州軍官学校予科を首席で卒業、日本陸軍士官学校（五七期相当）に編入され、四四年、陸士を卒業した。その後、熱河《ねっか》省に駐屯する満州軍歩兵第八団に配属され、満軍中尉として解放を迎えた。

朴正煕は北京の臨時政府系光復軍第三支隊に編入されたが、米軍政庁は臨時政府を認めなかったので光復軍は宙ぶらりんの状態だった。ここで旧日本軍や満州軍出身者は独立運動を闘ってきた在来派兵士にさんざん虐げられた。

転向と挫折

朴正煕は一九四六年五月八日、民間引揚者とともに米軍上陸用舟艇で釜山《プサン》港についた。満州に行ってから六年ぶりの帰国だ。いまさら学校の先生にもどれない。

おりしも米軍政庁は新生韓国の国防警備隊養成のため警備士官学校を創設して旧日本軍出身者に短期速成の軍事教育を施していた。朴正煕は四六年九月、警備士官学校第二期生として入学した。

四六年十月に大邱で共産党が指導する暴動がおきた。いわゆる10・1暴動事件である。このとき朴正煕の次兄朴相煕《パクサンヒ》は共産党幹部だとして警察により殺害された。朴正煕はこれを恨んで左傾したとの説がある。

朴正煕は三ヵ月の速成教育を終えて大尉に任官した。日本陸士卒の朴正煕はめきめき頭角を現し、少領（少佐）に進級、戦闘情報課長の要職についた。だが政府樹立直後の四八年十月、麗水《ヨス》・順天《スンチヨン》反乱事件がおきた。韓国軍内で左翼粛清の旋風が吹き荒れ、朴正煕も逮捕された。満軍出身の先輩、後輩は助命に奔走した。朴正煕は転向を誓い軍内部の南朝鮮労働党組織をあらいざらい自白した。四九年四月、軍法会議は朴正煕に執行免除つきの無期懲役を宣告、不名誉退役、軍籍剝奪の判決を下した。

だが軍は朴正煕の能力を必要とした。朴正煕は嘱託の身分で陸軍情報課北韓班状況室長になり北朝鮮の情勢分析を担当した。状況室長といっても正規ポストではない。正式の給料もでない。課長のお情けで情報課の機密費から支給されるものだ。朴正煕はここで生涯最大の挫折を味わった。

私生活も暗かった。朴正煕は初婚の妻との間に一女をもうけたが、満州軍官学校入学後は離別状態で、けっきょく離婚した。少領時代、北朝鮮から越南した美貌の女子大生李聖姫《リスンヒ》と同居した。だが彼女は朴正煕が軍法会議で軍籍を剝奪された後、愛想をつかして去った。朴正煕は毎晩のように深酒してひとり孤独をかみしめた。

朴正煕が嘱託として情報局に勤務したとき、情報局長は白善燁《ペクスンヨップ》、李龍文《イヨンムン》、張都暎《チャンドユン》大領（大佐）と転々と代わった。張都暎との出会いは、後日クーデタをおこす朴正煕にとって大きな意味をもつ。

陸士を第八期生として卒業した金鍾泌《キムジョンピル》少尉（一九二六―）も情報課に配属になり、文官朴正煕の指導を受けた。二人の運命的出会いだ。その後、金鍾泌は朴正煕の姪朴栄玉《パクヨンオク》と結婚した。亡兄朴相煕の娘だ。

五〇年六月二十五日、北朝鮮軍が南侵を開始した。そのとき朴正煕は母親の一周忌法要のため郷里善山にいた。朴正煕は水原《スウオン》に後退した陸軍本部情報局に駆けつけた。その場で朴正煕は現役少領に復職、戦闘情報課長に復帰した。戦争中の五〇年秋、大邱で陸英修《ユクヨンス》と再婚した。

雌伏の時期

五一年末、朴正煕は陸軍本部作戦部次長に任命された。局長は日本陸士（五〇期）出身、李龍文准将で朴正煕とは意気投合した仲だ。李龍文は日本陸軍参謀本部に勤務した経歴をもつ優秀な将校だが戦争中ソウルを脱出できず、国連軍がソウルを奪還するまで地下に潜伏した。そのため昇級が遅れた。

韓国軍首脳部は当初満州軍出身ないし三八度線以北出身の越南派が要職を占めた。だが戦時中、満軍出身者に代わって日本陸士出身者が浮上した。これらは前歴のゆえ政治的中立にこだわる。

五二年春、李承晩《イスンマン》は再選を図って大統領直接選挙制の改憲を進め、釜山一帯に戒厳令を布いた。アメリカは李承晩を退陣させ張勉《チャンミュン》に代えることを考慮した。アメリカの意をうけた軍首脳部はクーデタを計画した。朴正熙作戦部次長は実施計画を立案した。だがアメリカは李承晩更迭を断念したため、クーデタ計画は霧散した。朴正熙はこのときクーデタの一撃で政権を打倒できるという確信をいだく。この事件で李鍾賛《イジョンチャン》陸軍参謀総長をはじめとする日本陸士出身の軍首脳部が更迭され、満軍出身者がカムバックした。

朴正熙は五三年に准将、五九年少将に昇級した。しかし英語が下手で、転向の前歴もある朴正熙にたいする軍首脳の評価は芳しくなかった。頭がよく、清廉剛直だが、融通がきかない、いずれ少将で予備役編入というコースだった。

だが少壮将校の間では政権に迎合せず、カネに恬淡で、国家改造の識見をもつ将軍という見方が定着した。

当時、韓国軍は人事停滞に直面していた。韓国軍は戦争中に一〇万人から七〇万人に膨れあがった。軍創設のとき二十代の青年が将校に任官、戦争中に一足飛びで将軍になった。戦争直後、丁一権《チョンイルゴン》少将は三十三歳で陸海空三軍総司令官に任命された。ほかの将軍の年齢も似たりよったりだ。

士官学校で速成教育をうけ任官した将校たちは戦争がつづいた三年間はハイピッチで昇級したが、休戦後それがぱったり止まった。金鍾泌など陸士八期生は四九年に少尉に任官して戦争中少領（少佐）に昇級したが、その後七年かかってやっと中領になれた。将軍たちの平均年齢も三十代後半で、佐官クラスの将校と同い年だ。上がつっかえているので昇級の見込みがない。軍の人事停滞にたいする少壮将校の不満が鬱積した。

休戦後、韓国軍内部で派閥対立が激化した。丁一権、白善燁将軍など満軍出身者がヘゲモニーを握っていたが、満軍派内部の暗闘で特務部隊長金昌龍《キムチャンヨン》少将が暗殺され、ふたたび旧日本軍出身者が軍部の要職に返り咲いた。

軍首脳部は李承晩政権の不正選挙に加担、汚職と腐敗のスキャンダルにまみれていた。軍首脳にたいする少壮将校の不満は爆発直前だった。李承晩政権を打倒した学生デモのときも軍の一部にクーデタの計画があったが、時期尚早という判断で立ち消えになった。

李承晩政権崩壊後、金鍾泌中領など少壮将校は整軍運動をはじめ国防部長官と陸軍参謀総長に辞職勧告をつきつけた。少壮将校は陸軍本部作戦参謀部長に就任した朴正熙少将をリーダーに担いだ。だがアメリカは軍の統制を乱す少壮将校の整軍運動にブレーキをかけた。整軍運動を進めた少壮将校は予備役に編入され、朴正熙少将は大邱の第二軍副司令官に左遷され、六一年秋に退役するリストに載せられた。

だが軍部は無能な張勉内閣打倒の決意を固めた。身近に手本もある。九年前の一九五二年、エジプトでナセル中佐ら少壮将校がクーデタをおこして王政を転覆させた。少壮将校らはエジプト軍事革命の前例を詳しく研究した。アメリカも張勉政権の不安定な政局運営に不安を覚えていた。軍事政権でも構わない。冷戦の最前線にある韓国では強力な政権が必要だというのがアメリカのホンネだ。

政権奪取

朴正熙は学生デモ一周年の六一年四月十九日、大規模な反政府デモがおこるとみて、それを口実にクーデタを決行する計画を立てていた。だが予期した反政府デモがなかった。計画は延期された。このころ、軍部クーデタの噂がいろいろなところでささやかれていた。首謀者朴正熙の名前まで流れていた。

これを耳にした張勉総理は張都暎陸軍参謀総長にただした。張都暎総長はきっぱり否定した。クーデタなど不穏な動きが軍部にあるとすれば総長の責任が問われる。しかも彼は朴正熙の前歴を知悉《ちしつ》していた。よもやアカの前歴がある朴正熙が政権をとれるはずがないとたかをくくっていた。

計画が漏れたのを知って朴正煕は五月十六日未明、クーデタを決行した。動員できたのは空挺団と海兵旅団の兵力三五〇〇人だけだ。頼みとする陸軍の第三〇師団は動員計画が事前に漏れ、出動できなかった。クーデタ部隊は漢江《ハンガン》を渡り、陸軍本部と放送局を占拠した。

張都暎参謀総長は、彼を指導者に推戴するとの朴正煕の親書を受け取り、心変わりした。後に張都暎中将は軍事革命委員会議長に就任した。

クーデタは成功した。アメリカでも合憲的政府の張勉内閣を支持する一派と強力な反共政権が必要だと唱える米中央情報部(CIA)などの間で意見が割れた。最終的にCIAの主張が受け入れられ、アメリカは既成事実を認めた。陸軍士官学校生徒も校長の反対にもかかわらずソウル市街で軍事革命を支持するデモ行進を行った。全斗煥《ジュンドファン》大尉が主導したものだ。五月十九日、革命委は国家再建最高会議に改称され、委員三二人は陸海空三軍を代表する将軍を網羅した。金鍾泌は反革命を徹底的に取り締まる韓国中央情報部(KCIA)を新設、初代部長に就任した。朴正煕政権一八年を支えた中央情報部の誕生である。

五月二十日、朴正煕最高会議副議長はマグルーダ米軍司令官と五時間にわたり会談した。アメリカは朴正煕のクーデタを最終的に承認した。このときケネディ政権は反カストロ政権派が四月に敢行したキューバ侵攻作戦失敗の後始末で手がいっぱいだった。韓国軍部クーデタに対処する余裕がなかった。アメリカの支持をとりつければ張都暎は使い捨てだ。七月三日、朴正熙が最高会議議長に就任した。四十三歳の働き盛りだ。張都暎前議長は反革命容疑で逮捕され、軍法会議で死刑判決をうけたが、一年後釈放され、渡米した。人を裏切った者は自分もまた裏切られる。

(3)　開発独裁の実態

革命公約

軍事政権の革命公約は、(1)反共を第一の国是にして反共体制を強化、(2)アメリカをはじめとする自由友邦国家との紐帯《ちゅうたい》の強化、(3)腐敗と旧悪の一掃、国民道義と民族精気の確立、(4)飢餓線上の民生苦を解消、自立経済の再建、(5)統一のため、共産主義と対決する実力の培養、(6)以上の課題を成就した後の速やかな民政移管など六項目だ。

朴正熙《パクジュンヒ》政権はクーデタの大義名分として、なによりも飢餓にあえぐ民衆を貧困から解放するため経済を開発することをあげた。反共一点張りなら旧政権と異なるところはなにもない。歴代政権はアメリカの莫大な援助を受け入れながら、無能と不正腐敗のため浪費した。

当時、北朝鮮がむしろ韓国より経済的に優位に立っていた。これでは体制競争に敗北する。

北との実力対決で勝利するにはまず経済面で北を凌駕しなければならない。ここで朴政権の経済開発優先が設定された。しかも経済を短期間のうちに効率的に開発するためには計画と統制が必要だ。

朴正煕は、かつて傀儡満州国で岸信介など日本の革新官僚グループが行った経済開発を目睹していた。日本の革新官僚グループが、戦時経済動員のためにつくったのが企画院だ。軍事政権も、経済開発を担当する部署を新設、経済企画院と名づけた。経済企画院は朴政権時代、経済参謀本部の役割を果たした。ここで育ったテクノクラートが、その後の韓国経済政策をリードした。

池田勇人内閣は所得倍増政策をかかげた。韓国もこの高度成長路線を模倣した。それは輸出立国路線だ。それまで、韓国は自立経済をめざし、輸入代替産業の育成に力を入れていた。だが狭隘《きょうあい》な国内市場向けでは限界がある。輸入代替から輸出に発想を大胆に切り替えた。これが韓国の高度成長の起爆剤になった。

反対に金日成《キムイルソン》はあくまでも対外閉鎖の自給自足経済にこだわった。これが時間がたつにつれて、南北の経済で大きな落差を生んだ。

しかし輸出拡大路線は諸刃《もろは》の剣だ。輸出すなわち対外開放だ。外の風が入ってくれば独裁体制は風化せざるをえない。経済発展を達成した朴正煕政権は崩壊した。かたくなに門戸を閉じ、国民を飢餓のどん底に落とした金日成政権は生き残った。歴史のアイロニーである。金日成が生き残ったのは鎖国体制を固守したせいだ。経済発展を口実にした開発独裁はそもそも自己矛盾を内包している。繁栄を達成しても、しなくても存在理由をなくす。

朴正熙政権の経済開発には、六五年の日韓国交正常化が大きな役割を果たした。国交正常化にさいして韓国は日本から無償三億ドル、有償二億ドルの対日請求権資金五億ドルを受け取った。これをきっかけに民間ベースの資本が滔々《とうとう》と流れ込んだ。

六〇年代後半、韓国は年間平均二桁の経済成長を達成した。ベトナム戦争で韓国はアメリカの参戦要請を受け入れ兵力五万人を投入した。これがベトナム特需に火をつけた。日本経済は五〇年代、朝鮮戦争特需で復興した。韓国は六〇年代のベトナム特需で飛躍できた。

朴政権一八年の前半は経済発展という点で目を瞠《みは》る実績をあげた。韓国の高度成長は「漢江《ハンガン》の奇跡」ともてはやされた。だがこの経済成長は政府のきびしい統制を背景にした不均衡発展による。短期間で経済開発を達成するため、農業より工業、国内より海外市場（輸出）、国内貯蓄より海外貯蓄（外資）、中小企業より大企業を優先した。パイを大きくするのが先決で分配は後回しにされ、貧富の格差は急激に拡大した。労働者福祉と公害は無視された。後年、韓国を悩ますもろもろの問題は不均衡成長方式自体に内蔵されたものだ。

民政復帰

朴正熙議長は革命課題を達成すれば速やかに民政に移管すると公約した。民主主義が表看板のアメリカ政府はクーデタ直後から公約履行を催促した。朴正熙は二年後の六三年に民政移管を公表、革命公約を達成すれば軍に復帰すると声明した。

朴正熙は金鍾泌《キムジョンピル》中央情報部長を中心にして民政移管に備えた新党づくり工作を指示した。新党は教授、言論人など既成政党のしがらみがない新人を多数糾合した。そのいっぽう、既成政治家の政治復帰を阻むため、政治活動浄化法をつくり、既成政治家の政治活動を一定期間禁止して政界から追放した。尹潽善《ユンボスン》大統領はこの法律に不満で大統領職を辞任した。

六三年新年早々、民間の政治活動再開が認められた。だが新党のヘゲモニーをめぐりクーデタ・グループ、いわゆる革命主体の間で内紛が表面化した。金鍾泌部長を中心に陸士八期生で固められた主流派は新党づくり作業から非主流派を排除した。非主流派の反発で金鍾泌は部長を辞任、新党づくりに専念することになり、六三年二月二十六日、民主共和党が発足した。だが党内外の反発に直面した金鍾泌はほとぼりが冷めるまで外遊した。

いっぽう、朴正熙は六三年二月十八日、民政不参加を宣言、二月二十七日には大統領選挙に出馬せずと爆弾宣言したが、三月十六日に軍政を四年間延長する案を国民投票にかけると発表するなど三転四転した。

だがアメリカは軍政延長に正面きって反対した。朴正熙は四月八日、軍政延長の国民投票案を撤回、十月大統領選挙、十一月総選挙という民政移行スケジュールを公表した。朴正熙大将は八月末退役、大統領選挙の共和党候補として出馬した。

だが軍部政権も割れた。内紛がつづくなか、新党づくりの資金調達に関連した証券仕手戦疑獄などスキャンダルが暴露された。旧悪一掃を叫んで登場した軍事政権が新悪に染まった。「旧悪去って新悪生まれる」との流行語も生まれた。

軍部の反朴正熙勢力は宋堯賛《ソンヨチャン》前内閣首班（陸軍中将）を大統領候補に担いだが、泡沫候補で終わり、朴正熙は共和党を完全に掌握することになる。

この内紛で朴正熙のライバルになった将軍は軍法会議で死刑など重刑の判決が下されたが、まもなくほとんどアメリカに出国した。アメリカの介入によるものだ。金日成がライバルの粛清にさいしてほとんどを死刑にしたのと対照的だ。

だが朴正熙は左翼分子には容赦しなかった。クーデタ直後軍法会議は革新系新聞民族日報社長趙鏞寿《チョヨンス》をスパイ容疑で処刑、北から潜入した大物スパイ黄泰成《ファンテスン》も死刑にした。黄泰成は朴正熙の亡兄朴相熙《パクサンヒ》の親友で北が朴正熙と接触を図ろうとして派遣した。朴正熙は前歴のせいで左翼にたいしきびしく対処した。

軍事政権内部の一連の抗争はけっきょく朴正熙のリーダーシップを強化した。六三年民政復帰を前にした大統領選挙で朴正熙はアメリカがひそかに後押しした尹潽善に一五万六〇〇〇票の僅差で辛勝し、十月十五日に就任した。これ以降は第三共和国と呼ばれる。ケネディ大統領はもともと朴正熙とそりが合わなかった。だがケネディ大統領は朴正熙が大統領に当選した直後、六三年十一月、ダラスで暗殺された。

後任のジョンソン大統領時代、米韓関係は好転した。ジョンソン政権はベトナム戦争の泥沼にはまった。六四年、ジョンソンは韓国にベトナム参戦を要請した。朴正熙は国内の批判を押し切って五万人を派兵し、これでアメリカに政治的に貸しをつくった。ベトナム特需で韓国経済も潤った。

日韓国交正常化は野党、社会団体、大学生などが汎国民闘争委員会をつくり屈辱外交反対デモをつづけるなか、朴正熙政権は非常戒厳令を宣布して批准を強行した。

三選改憲騒動

民政移行後、朴政権は野党のはげしい反対を押し切って日韓国交を再開して成功した。対米関係も蜜月だった。六五年からはじまった高度成長の実績を背景に、六七年大統領選挙で朴正熙大統領は尹潽善候補に五六八万票対四五二万票と一〇〇万票以上も大差をつけて楽勝した。惨敗した尹潽善の政界引退は既定事実になった。若手の野党議員金泳三《キムヨンサム》や金大中《キムデジュン》は四十代旗手論をかかげ次期大統領選挙に意欲を見せた。人びとの関心は次期大統領に向けられた。

李承晩《イスンマン》の長期政権に懲りた韓国は、憲法で大統領三選を禁止していた。朴正熙大統領は七一年選挙の立候補が封じられている。朴政権のナンバーツーに返り咲いた金鍾泌共和党議長が次期候補に最有力視された。

朴正熙大統領は三選の野望に囚われた。権力者はいったんにぎった権力を放さない。外交、内治などすべて順調だ。だが北朝鮮と実力対決するまではまだまだである。朴正熙は「中断するものは勝利できない」と権力の執着を正当化した。それにはまず三選禁止の憲法改正が先決だ。与党は国会議席の七割を占めており、改憲に必要な三分の二を上回っている。また朴大統領をとりまく嶺南《ヨンナム》地域出身の面々は忠清道《チュンチョンド》出身の金鍾泌に反感を抱いている。朴正熙は再選直後から三選に向けて着々と手をうった。

金鍾泌の追従者は次期大統領擁立に向け動きはじめた。右翼の大物児《こ》玉《だま》誉《よ》士《し》夫《お》が訪韓して料亭で金鍾泌支持派と会食した。児玉は戦前ソウル所在の善隣商業を卒業、韓国と縁がある。児玉の配下だった銀座の暴力団、東声会会長町井久之（韓国名＝鄭建永《チュングニュン》）は飛ぶ鳥を落とす勢いだった朴鍾圭《パクジョンギュ》大統領警護室長と親密だった。会食中、金鍾泌支持者は次期大統領にふさわしいのは金鍾泌しかいないと力説した。

これが大統領の耳に入った。会食者は中央情報部に連行され、きびしく追及された。中央情報部長金炯旭《キムヒョンオク》は金鍾泌と同期の陸士八期生。粗暴な振舞いで悪名高く、金鍾泌と反目していた。

朴正煕大統領は改憲のため、あえて金炯旭を情報部長に起用した。これに反発した金鍾泌は六八年五月、党議長、国会議員ポストを辞職、政界引退を宣言した。金鍾泌支持派は野党と共闘して改憲を阻止しようとした。朴政権は造反派を懐柔と脅迫の手を使って切り崩し、金鍾泌には次期総理のポストを約束した。金鍾泌の反対姿勢は軟化した。だが金鍾泌追従者は失望して、次々と離れていった。

六九年九月十二日、与党議員総会は「朴大統領は一期のみ重任」を決議、十四日、与党議員だけで国会別館で本会議を開きわずか六分間で改憲案を通過させた。この改憲は「ひったくり《ナルチギ》改憲」と呼ばれ汚名を残した。改憲案は十月十七日、国民投票に付され、賛成七五七万票、反対三六三万票の圧倒的多数で可決された。この時点まで韓国人は経済を発展させ、繁栄をもたらした朴正煕を支持していた。

(4) 維新独裁体制

第四共和国

七一年四月二十七日、大統領選挙が実施された。野党新民党の大統領候補は金大中《キムデジュン》だ。新民党大会の指名争いで釜山《プサン》出身の金泳三《キムヨンサム》議員が第一回投票でトップだったが、決選投票で湖南《ホナム》地域（全羅道《チョルラド》）出身の金大中と李哲承《イチヨルスン》が連合、逆転させた。逆転の真相は朴正熙《パクジュンヒ》政権が同じ嶺南《ヨンナム》出身の金泳三より全羅道出身の金大中を野党候補にさせるのが選挙運動で有利だとの判断で工作したとの説もある。

その真否はともかく、選挙運動は地域対立感情をあおるものだった。金大中は雄弁家で鳴らしている。彼は朴政権が進めた経済開発の負の面をきびしく追及、朴正熙候補が終身総統制を企んでいると攻撃した。経済開発で取り残された湖南の有権者は金大中候補を熱烈支持した。湖南出身者が多く住むソウルでも金大中は熱狂的な反応を呼びさました。

朴政権は当選するためなりふりかまわぬ選挙運動をくりひろげた。カネをばらまき、有権者を強制動員するなど、かつての李承晩《イスンマン》政権時代の手口が復活した。朴正熙候補は遊説で「中断するものは勝利できない」とくりかえし「これがわたくしの最後の選挙です」と訴えた。有権者は朴大統領が三選を最後にして政権の座から降りるものだとナイーブに受け止めた。投票結果は朴正熙六三四万票対金大中五三九万票で九五万票の差で朴正熙が当選した。だが人びとは不正選挙の疑いをつのらせた。

一ヵ月後の総選挙で新民党は八九議席で民主共和党一一三議席に肉薄した。三選はしたものの朴政権の基盤は不安定になった。

ニクソン政権はベトナムから撤退を決めるいっぽう、ドル防衛の一環として在韓米軍の一部、第七師団を撤収した。アメリカは中国との関係修復を図ってキッシンジャー特使を極秘に中国入りさせた。

このままでは韓国は見捨てられる。朴政権は焦燥をつのらせた。七二年、南北は秘密裏に対話をはじめ七月四日、自主、平和、民族大団結を謳った南北共同声明を発表した。解放後はじめて政府間レベルで行われた南北対話に韓国人は熱狂した。もうすぐ統一が実現できるような錯覚にとらわれた。

朴政権はこの熱気をたくみに利用して、十月十七日、非常戒厳令を抜き打ち宣布した。南北対話を進めるため強力な国家体制が必要で、そのため改憲するとの口実だ。戒厳部隊が警戒をするなか国会は解散され、政党など一切の政治活動は禁止された。反政府運動の拠点である大学は休校、新聞・通信も検閲に通った記事だけ載せた。

一週間後に維新憲法案が公告された。内容は任期六年の大統領間接選挙制だ。新たに設置される統一主体国民会議が任期六年の大統領を選出する。大統領の再選禁止規定は削除された。大統領は国会の制約なしに戒厳令と同じ効力をもつ緊急措置を発動できるなど大統領の独裁を法的に保障するものだ。

改憲案は十一月の国民投票で九一・五％の賛成で成立した。有権者は統一の幻想にだまされ、大統領間接選挙制に賛成した。その幻想はすぐ裏切られた。統一主体国民会議の代議員資格は「政党に三年間加盟していないもの」とされた。間接選挙は独裁者推戴の手続きにすぎない。統一主体国民会議により選ばれた朴正煕は七二年十二月二十三日、大統領に就任した。この維新体制以後、全斗煥《ジュンドファン》政権にいたる時期は第四共和国と呼称される。

非常戒厳令が宣布されたとき、金大中議員は東京滞在中だった。彼は帰国を断念、海外で民主化闘争をはじめた。南で維新独裁体制が確立したのと同時に、北朝鮮の最高人民会議は社会主義憲法を採択して、新設の国家主席に金日成《キムイルスン》を選出した。還暦を迎えた金日成はその直後の党中央委員会で長男金正日《キムジョンイル》を後継者に指名した。

南も北も南北対話を口実に独裁体制を確立した。お互い用が済めば使い捨てだ。南北対話は翌年八月、金大中拉致事件をきっかけに途絶えてしまった。

金大中拉致事件

維新独裁はスタートからつまずいた。七三年末、第一次オイルショックがおき、世界的不況がはじまった。高度成長をつづけた韓国経済は落ち込んだ。オイルショックで韓国は外債危機に直面した。朴政権の独裁を正当化する唯一のよりどころは経済発展だ。それがおかしくなった。

維新独裁に反対する在野勢力と大学生、宗教人の動きは激化した。朴政権は次々と緊急措置を発動、反政府分子を逮捕、非常軍法会議で重刑を宣告した。だが抵抗運動はそれに屈せず強まった。

海外でも金大中をリーダーとする反政府運動が活発になっていた。七三年八月八日、東京のホテル・グランドパレスで金大中が中央情報部員により拉致され、五日後、ソウルの自宅前で目隠しのまま釈放された。

金大中拉致事件は蜜月関係にあった日韓両国関係を一挙に悪化させた。もともと日本の保守勢力は朴正煕に好意的だった。岸信介、椎名悦三郎ら自民党大物や元大本営参謀瀬島龍三《せじまりゅうぞう》は旧満州で勤務した縁がある。同じ満州帰りで日本陸士出身の朴正煕を支持、日韓協力委員会までつくり朴政権を支援した。右翼の思想的指導者安岡正篤《やすおかまさひろ》も朴政権の国づくりに共鳴した。いっぽう、日本の進歩的文化人は以前から北朝鮮びいきで、朴政権を罵倒していた。

日本の保守勢力は金大中拉致事件を日本の主権侵害だと憤慨した。だが李厚洛《イフラク》中央情報部長は「主権侵害というなら、韓国を併合した日本のほうがもっと主権を侵害したではないか」と反論した。

けっきょく金大中拉致事件は朴政権と田中角栄内閣のウラ取引で政治的決着をみた。しかし朴政権は過去のことを不問にするという約束を反故《ほご》にして金大中を収監した。日本マスコミは朴独裁政権批判のトーンを高めた。

七四年八月十五日、独立記念式典で在日韓国人青年文世光《ムンセガン》による朴大統領暗殺未遂事件がおきた。このとき陸英修《ユクヨンス》夫人が流れ弾に当たって絶命した。犯人が使用したピストルは日本警察から盗んだものだ。韓国政府は激高した。拉致事件で日本からさんざん非難された反動で、反日感情が鬱積していた矢先である。群衆は駐韓日本大使館に乱入して日章旗を焼き捨てた。以後日韓関係は冷え切った。

コリアゲート

アメリカとの関係も悪化した。維新独裁にたいするアメリカの反感をそらし、在韓米軍削減を阻止するため、朴政権は在米ロビイスト朴東宣《パクドンスン》を通じてアメリカの世論を宥め議会や行政府官吏の買収を図った。ウォーターゲート事件後におきたこのスキャンダルはコリアゲートと呼ばれ、米韓関係をいっそう険悪にした。上院のコリアゲート事件に関する公聴会には三選改憲当時の中央情報部長で、その後アメリカに亡命した金炯旭《キムヒョンオク》が朴政権の恥部をあらいざらいぶちまけ、衝撃を与えた。

朴正熙は自主国防の執念にとりつかれ、極秘でミサイルと核の開発を進めた。アメリカは激怒した。アメリカは弱小国への核拡散を絶対に認めない。アメリカの横槍で核開発は中断されたが、アメリカは朴政権にたいする猜疑を深めた。

国内でも朴政権を支える軍部に次々とほころびがでてきた。側近間の権力闘争にまきこまれ、大統領の腹心で首都警備司令官尹必鏞《ユンピルヨン》少将が逮捕され失脚した。南北対話を成就させ維新体制づくりに功績をたてた李厚洛中央情報部長は金大中拉致事件の責任をとらされ解任。大統領夫人死亡の責任を問われて朴鍾圭《パクジョンギュ》大統領警護室長も更迭され、後任に車智澈《チャジチュル》議員が起用された。車智澈警護室長は元空挺団大尉でクーデタ当時から朴大統領が目をかけていた。

金鍾泌《キムジョンピル》総理も七五年に解任され、後任に外交官出身の崔圭夏《チエギュハ》大統領補佐官が任命された。中央情報部長には大統領と同郷で警備士官学校同期生の金載圭《キムジエギュ》（元中将）が登用された。

陸夫人死亡後、朴正煕は孤独と猜疑にさいなまされた。憂さ晴らしになるのは酒しかない。もともと愛酒家だった彼は酒色に溺れた。夫人が生きていたときも酒と女で夫人を悩ませた。夫人がいなくなったいま、ますますそれがはげしくなった。大統領官邸から少し離れた瀟洒《しょうしゃ》な家屋で女性を侍《はべ》らせ酒宴を重ねた。その手配をするのが中央情報部儀典室の仕事だ。このような特殊用途の家はアジトの別称である安全家屋と呼ばれた。いかにも諜報工作担当らしい名称だ。

この中央情報部は韓国の情報と秘密工作を一手に掌握した最強の組織だ。大統領以外だれの支配、干渉も受けない。予算は秘密のベールに隠されていた。部長は事実上、政権のナンバーツーだった。

非業の最期

車智澈大統領警護室長は警護室強化を精力的に進めた。大統領の身辺安全が至上命令だ。これを振りかざせばだれでも引き下がる。警護室隷下に戦車も配備させた。警護室次長に中将を任命した。次長が中将なら室長は大将相当だ。車室長は警護ばかりでなく政治にまで容喙した。警護室は情報工作も別途運用した。必然的に金載圭中央情報部長と衝突する。金載圭は元中将のプライドがある。元空挺団大尉の増長ぶりに我慢できない。

対米関係も悪化した。アメリカは朴政権が核開発などで、アメリカの統制外に暴走しかねないことを危惧した。カーター大統領が七九年六月、韓国を訪問したとき、朴大統領との会談はとげとげしいものだった。

七九年にイランのパーレビ政権、ニカラグアのソモサ政権が崩壊するなど海外の独裁政権が次々と倒れた。それに刺激され韓国の在野の抵抗運動はますますはげしくなった。野党党首金泳三は『ニューヨーク・タイムズ』によるインタビューで朴政権をきびしく批判した。政府与党はこの発言をとりあげ金泳三を国会から除名した。政局は硬化した。おりしも労働争議も深刻だった。釜山《プサン》、馬山《マサン》で反政府デモが盛り上がった。時局の対応をめぐって車智澈室長の強硬路線と金載圭の穏健路線が対立した。

金載圭はこのままでは対米関係がますます悪化すると不安だった。しかし朴正熙大統領は金載圭の対応策を生ぬるいと叱責して、車室長の肩をもった。金部長の更迭がささやかれた。

七九年十月二十六日夜、青瓦台《チョンワデ》付近の安全家屋で大統領、警護室長、中央情報部長、大統領秘書室長の四人が酒盛りをした。この場で時局をめぐり車室長と金部長が口論になった。金載圭部長はやにわにピストルを引き抜いて車部長を射殺した。こうなったら大統領も生かしてはおけない。金載圭は大統領に向けてピストルの引き金を引いた。こうして朴正熙大統領は波瀾に満ちた生涯を閉じた。享年六十二。奇しくも朴大統領が暗殺された十月二十六日は七〇年前、韓国侵略の主役伊藤博文がハルビン駅頭で愛国志士安重根《アンジュングン》に暗殺されたのと同じ日だ。

(5) 思想と行動

人材の活用

朴正熙《パクジュンヒ》は貧しい農家出身で、前任の李承晩《イスンマン》、尹潽善《ユンボスン》大統領が名門出であったのと対照的だ。官費で通える師範、軍官、士官学校で学んだ。刻苦勉励した彼は勤勉であり努力家だった。彼が政権を手にしたのはバイタリティに富む四十三歳の働き盛りだった。前任者が政界の権謀術数を得意としたのとは反対に、彼は軍人気質で政党人を毛嫌いした。「政党屋はみんな泥舟にのせて海に沈めてしまえ」というのが彼の口癖だった。

彼は軍人らしくつねに「指揮官先頭」の原則を厳守、現場を確認、再確認した。彼は経済開発の目標としてつねに具体的数字を要求した。毎年の経済成長率、輸出目標、物価抑制線などを、抽象的でなく具体的数字で要求した。毎月経済企画院で開催される月間経済動向ブリーフィングに直接出席して担当長官から直接報告をうけ、同席した経済閣僚にその数字を再確認した。

朴正熙はほかの大統領と異なり一族を情実で世話するネポティズムがなかった。一族が利権や官職に関与するのを禁止した。それは貧農だったので一族のなかに高位ポストにつくだけの器量がある者がいなかったせいもある。だがほかの大統領は同じような生い立ちでもネポティズムにはまり非難された。彼は親戚のだれにも頼らず、自手成家（徒手空拳で成功）したのでネポティズムを好まなかった。

朴正熙は軍隊という集団組織のなかで育ったので組織を動かすノウハウを知悉していた。党人出身で実務に疎いほかの大統領とは違う。しかも周囲に人材を集めた。当時、韓国で最大最強の組織は軍隊だった。朝鮮戦争でいろいろな人材が軍隊に入った。彼らは休戦後アメリカで最新の組織管理技法を学んだ。クーデタは韓国にＡＢＣをもたらしたといわれた。Ａとはアーミー（軍）のこと。Bはブリーフィング、Cはチャートだ。現在韓国のあらゆる組織で活用されているブリーフィング、チャートなどは軍隊から伝播《でんぱ》したものだ。

政権の座についた後、行政官僚や教授を巧みに活用した。無名の大学教授を財務長官に抜擢して活用した。課長クラスを直々に活用して組織に活を入れた。これらテクノクラートが朴政権一八年の行政を支えた。人材登用では格式などは無視した。大物政治家が就任するという常識を破ってソウル市長に無名の釜山《プサン》市長金玄玉《キムヒュンオク》を抜擢した。工兵将校あがりの金玄玉が釜山の都市建設で力量を発揮したのを見込んだのだ。

能力があれば野党政治家でも前歴をとわずどしどし起用した。副総理太完善《テワンスン》、駐日大使金永《キムユン》善《スン》がそれだ。金永善は金大中《キムデジュン》拉致事件後、ぎくしゃくした日韓関係を修復するため田中総理と昵懇《じっこん》だったので起用したものだ。

しかし朴正熙大統領は冷酷、非情な一面もあった。副総理として重用した張基栄《チャンキユン》の解任劇がその典型だ。張副総理が浦項《ポハン》総合製鉄起工式に出席している途中、ラジオを通じて解任を発表、満場の席で恥をかかせた。張が増長しすぎたと一撃を加えたものだ。

与党財政委員長として権勢を振るった金成坤《キムスンゴン》議員も抗命を理由に連行、政界から引退させた。姪婿でクーデタ同志の金鍾泌《キムジョンピル》も牽制して去勢した。アメリカに亡命した背信者の金炯旭《キムヒョンオク》も七九年十月、パリで謎の失踪をとげた。ここにも朴政権の介在説がささやかれている。

朴正熙は部下を競い合わせて、互いに牽制させた。「分割して支配せよ」というマキャベリズムを実行した。だがそれで非業の最期をとげることになった。

嶺南軍閥の形成

朴正熙は側近に日本帰りを集めた。最高会議初代秘書室長で浦項製鉄を創業した朴泰俊《パクテジュン》（東京麻布中学卒、早稲田大学中退）、朴鍾圭《パクジョンギュ》警護室長（京都出身）、尹必鏞《ユンピルヨン》首都警備司令官（小倉出身）など軍人がそれだ。軍人ばかりではない。大統領秘書室長金正濂《キムジュンリョム》（大分高商卒）、外務長官金東祚《キムドンジョ》（九州帝大）、国務総理崔圭夏《チエギュハ》（東京高師）など官僚も同じだ。日本の軍国主義教育のなかで育った朴正熙にとって、軍国主義的雰囲気で成長した日本帰りと談笑するのが居心地よかった。

クーデタ前夜、同志と一緒に酒を酌み交わしたとき、朴正熙は、

「鞭声《べんせい》粛々夜河を過《わた》る
暁に見る千兵の大牙《たいが》を擁するを
遺恨なり十年一剣を磨く
流星光底長蛇を逸す」

と頼山陽《らいさんよう》の詩を吟じたほどだ。

朴正煕は満州人脈とも深くつながっていた。満州軍官学校出身の丁一権《チヨンイルゴン》総理、李周一《イジユイル》最高会議副議長や、満州官吏養成所だった大同学院出身の崔圭夏総理を重用した。満州こそ朴正煕にとってはじめてエリート・コースへの切符を手にした追憶の場所であった。だが無秩序と混乱が支配して弱肉強食の天地だった満州でニヒリズムとマキャベリズムが身についた。

銃剣で権力を奪取した朴正煕は軍の統制に細心の配慮をした。元将軍たちにたっぷり生活費を補助して不満を宥めた。予備役将軍は大使、国営企業長などに天下りさせた。退役した将校らを行政府、国営企業などに配置した。

若手将校のなかでも四年制の正規陸軍士官学校を卒業した第一一期生のうち、嶺南《ヨンナム》出身の全《ジユン》斗煥《ドフアン》、盧泰愚《ノテウ》大尉などにとくに目をかけ、腹心に育てた。これらは軍内部でハナフェ（一心会）という私組織をつくり朴正煕大統領の直衛として隠然たる人脈を形成した。

先輩将軍たちもハナフェの将校たちに気をつかわざるをえない。尹必鏞将軍失脚にまきこまれハナフェの一部会員も処罰されたが、全斗煥はむしろこの事件をきっかけにハナフェでの地位をさらに高めた。ハナフェは、後年、全斗煥、盧泰愚など新軍部が権力を奪取するときに活用された。これが嶺南軍閥のはじまりだ。

朴正煕は権力をにぎるまで教師と軍人の二つの職業についていた。両方とも訓育と指導、命令と服従を本質とする。朴正煕に権威主義的思考がしみついた。軍人の思考は命令に絶対服従、上意下達で異論を認めない。反対意見を許さない硬直した思考はそもそも民主主義と相容れない。

軍人にとって勝利に代わるものはない。いくらコストを節約しても戦争に負けたらおしまいだ。目的達成が至上命令である。軍人の思考はすべて勝つことに集約される。この思考方式は経済政策でも再現された。経済開発ではコスト無視、目標達成が優先だ。しぜんバランス感覚をなくす。短兵急の不均衡開発方式は、その後の韓国経済の外華内貧の体質を決定づける。

孤独な私生活

朴正熙は私生活でも恵まれなかった。最初の妻とは離別、熱愛した同居女性には去られ、再婚した夫人は凶弾で倒れた。夫人の死後、彼は孤独を紛らわせるため酒に溺れた。朴正熙は小柄で肌は浅黒く村夫子然として風采も上がらない。寡黙でめったに笑顔を見せない彼にはつねに暗い影がまとわりついていた。そこには挫折と背信がくりかえされ、人間不信におちいった者の孤独を反映したものだ。

彼の印象は暗い。クーデタ直後、空挺部隊の迷彩服を着てサングラスをかけ傲然《ごうぜん》と立っている朴正熙少将の写真が公開された。まさに「これぞクーデタ」といえる映像だ。だがその映像はあくまでも暗い。彼の精神的トラウマ（外傷）を示す。

彼の生活は質素だった。ほかの成り上がり者のように贅沢な暮らしになじまなかった。濁り酒を好み、酒の肴に青とうがらしを生のまま味噌をつけてかじった。手打ちうどんが好物で青瓦台《チヨンワデ》の食事に呼ばれた人はうどんが供されるのに辟易《へきえき》したほどだ。カネに淡泊で、子孫に美田を残さなかった。親戚にも利権に関与させなかった。

死後、執務室キャビネットから数十億ウォンの現金が発見されたが、それは政治資金用で、私用のための蓄財ではない。独裁政権を維持するためカネがいる。財閥に特恵を与え、その見返りに政治資金を献金させた。これが政権維持費に当てられた。後継者はそれを真似したがすべて私用の蓄財に化けた。それで軍閥と財閥の癒着という悪しき伝統を残した。

(6) 朴正煕の遺産

自信回復

朴正煕《パクジユンヒ》政権一八年間の遺産は正負ともに巨大である。プラスの遺産とは、まず韓国人に「なせばなる」という自信をつけさせたことだ。万年負け犬根性に囚われていた韓国人は、強力なリーダーシップのもとで経済成長を達成して、一人当たり国民所得八〇ドルから一二〇〇〇ドル（七九年）の中進国に発展した。

南北体制競争でも優位に立った。輸出立国の旗印のもとメイド・イン・コリアが世界に進出した。韓国人は自信をもって胸を張るようになった。皮肉なことにこの経済的発展による市民社会の台頭が独裁政権を崩壊させた。

しかし負の遺産もそれに劣らず大きい。朴正煕は政権批判を封じ、民主主義を圧殺した。言論統制でマスコミを弾圧した。

朴正煕は人間形成期に軍国日本の教育を徹底的にたたき込まれた。軍国主義的思考が骨の髄まで染みこんだ。彼は日本軍部による国づくりを満州で目撃した。朴正煕の国家経営観にその影響が見え隠れする。軍国日本の国家総動員をつかさどったのは企画院だ。経済企画院の名称は、当初、建設部だった。満州国の経済開発、重工業化が手本だった。物価統制、物資動員計画など経済統制方策は、戦前日本の国家総動員体制の模倣だ。彼がもっとも力を入れた農村更生のためのセマウル（新しい村）運動も、戦前日本の農村更生運動や満州開拓民を育てた茨城県内原《うちはら》の農民学校と一脈通じる。

彼は政党政治家を蛇蝎《だかつ》のごとく嫌った。マスコミも敬遠した。「知らしむべからず、依らしむべし」という軍人的思考だ。言論統制のために公報部をつくり、政府部署に公報官を配置した。民主主義国家でもスポークスマン制度がある。政府の広報活動の一環だ。だが朴政権の公報官は言論統制のためだ。

朴正熙の行動原理は統制万能、一点集中、視野狭窄という軍人特有の体臭が染みついている。朴正熙は嶺南地域出身人士で政権を固めた。ネポティズムには無縁とはいえ、リージョナリズム（地域差別）は強まった。

軍国日本の教育は国際的感覚の欠如が特徴だ。金大中《キムデジュン》拉致事件がどれほど国際的波紋を生むかなどに鈍感だった。朴正熙は七〇年代になってまったく海外旅行をしなくなった。政権初期には日本、アメリカ、ドイツなどに外遊したが、政権後半になると外遊を取りやめた。七三年に日本を国賓訪問すると発表した。だがその直前に非常戒厳令を宣布、維新体制を確立した。日本訪問計画は陽動作戦で、人びとの注意を逸らそうとしたものだ。

総括

朴正熙と金日成《キムイルスン》の二人は外勢排除のナショナリストという点で、共通している。だが両者が主張する外勢排除とは独裁維持のためであり、真正な意味での自主、自立、自律のナショナリズムではない。

朴正熙の権力基盤だった軍隊はアメリカにとって冷戦最前線に配置している持ち駒の一つだ。その持ち駒が過度なナショナリズムを志向すれば摩擦相克が生まれるのは必然だ。朴正熙の暗殺はその論理的帰結だ。

朴正熙は独裁統治を正当化する名分に経済開発をかかげた。だが開発独裁に内在する矛盾に気がつかなかった。経済開発が成功しても、しなくてもいずれ独裁が不必要になる。しかも経済開発方式として輸出拡大を採択した。それは対外開放につながる。対外開放すれば独裁は長続きできない。

その点、北朝鮮は飢餓と恐怖政治で独裁をつづけた。それが独裁政治にとってむしろ正解だ。経済的繁栄をもたらした朴正熙は暗殺され、飢餓と恐怖のどん底に国民をつきおとした金日成がベッドの上で往生したのはアイロニーだ。

朴正熙は後継者を育てなかった。金日成は息子に世襲させた。独裁者にとって信用できるのは血族しかいないのだ。二人とも人間不信という点で共通している。絶対権力は絶対腐敗する。その点でも同じだ。

しかし朴正熙には韓国の権力者に共通した同族重用のネポティズムはなかった。一族にまつわるスキャンダルが生まれなかったのは珍しい。

韓国の世論調査では歴代大統領のなかでは朴正熙の評価が断然トップだ。韓国経済を発展させた業績が評価されている。しかし民主主義を萎縮させた負の遺産も看過できない。朴正熙は韓国人が民主主義政治を実現できるほど成熟していないことを、本能的に看取していた。その後の韓国政治のなりゆきはそれを実証している。

彼の没後すでに二〇年もたった。いまだに彼の公式な伝記は編纂されていない。朴正煕記念館建設をめぐっても賛否両論がかまびすしい。彼にたいする毀誉褒貶は定まっていないのだ。

第4章

崔圭夏

1919. 7.16生―
第10代 1979.12. 6―1980. 8.16

崔圭夏大統領（右端）と全斗煥合同捜査本部長（左端）
（提供・韓日ビジネス）

(1) 大統領有故

十月二十六日夜

朴正熙《パクジュンヒ》大統領暗殺は韓国現代史の汚点だ。大統領が射殺された酒宴の現場に金桂元《キムケウオン》秘書室長（元陸軍大将）も同席した。同時刻、鄭昇和《チョンソンファ》陸軍参謀総長も金正燮《キムジュンソツプ》中央情報部第二次長補と、隣接した洋館で夕食をとっていた。鄭総長は金載圭《キムジエギュ》中央情報部長の招待で来た。だが大統領が金部長と晩餐中のため、金部長は後刻来るとのことで、金次長補と夕食をとった。

金載圭部長は大統領と警護室長を射殺した後、裸足のままあたふた姿を現し「大統領に変事がおきた」と一言告げ、鄭総長を促して陸軍本部地下防空壕に向かった。

金桂元秘書室長は大統領の屍体を官邸に近い首都陸軍病院大統領専用病室に運んだ。その後、青瓦台《チョンワデ》にもどって、崔圭夏《チエギュハ》総理など閣僚に青瓦台に至急参集するよう連絡した。鄭総長も国防部長官、海軍参謀総長など軍首脳を防空壕に至急集合させた。金秘書室長は崔総理にだけ大統領死亡を打ち明け、ほかの閣僚には大統領に変事がおきたとだけ告げた。

閣僚は有事に備え陸軍本部防空壕に移動、閣議を開き、大統領の屍体を確認したのち、戒厳令施行を決めた。

このときまで金載圭が大統領を暗殺したことを知っていたのは金秘書室長と崔総理だけだ。だが金秘書室長は陸軍参謀総長と国防部長官に犯人が金載圭だと耳打ちした。

鄭総長は即座に兵力集結を命令、保安司令官全斗煥《ジュンドファン》少将と憲兵監に金載圭逮捕を指示した。全斗煥少将はそれより先、陸軍病院からの秘密連絡で大統領死亡を確認、即時に保安司令部に指揮本部を設け、有事に備えていた矢先だ。

保安部隊員は金載圭を逮捕した。保安司令部の金載圭逮捕は、その後の歴史の流れを変え、一〇ヵ月後、保安司令官全斗煥少将が大統領の座を占めるきっかけになった。

大統領死亡を確認後、国務会議は「大統領有故」という曖昧《あいまい》な表現で、非常戒厳令を宣布した。崔圭夏総理は憲法規定により大統領権限代行に就任した。崔圭夏代行は戒厳司令官に鄭昇和陸軍参謀総長を任命した。保安司令部は金載圭逮捕後、中央情報部を急襲、全員武装解除した。韓国最強の権力機関である中央情報部は保安司令部により一撃で制圧、接収され、保安司令部が韓国の権力機関の主役に浮上した。

全斗煥保安司令官は合同捜査本部長に就任した。捜査本部は金載圭を徹底的に取り調べた。当初大統領暗殺は中央情報部全体を動員するクーデタ計画の一環と思われた。だが取調べの結果、私怨による偶発的犯行であることが判明した。合同捜査本部長全斗煥少将は十一月六日、大統領弑害《しいがい》事件の全貌をテレビで直接公表、一躍時の人としてクローズアップされた。

朴大統領の急死は権力の真空状態を生んだ。一八年間つづいた独裁統治期間中、朴大統領は後継者を育てなかった。ナンバーツーと自他ともに認めた金鍾泌《キムジョンピル》は朴大統領から警戒され、手足をもがれていた。野党も政権を引き受ける態勢ができていない。政権勢力は急激な変化を望まない。なによりも既得権維持が至上課題だ。

崔大統領権限代行は十一月十日、「憲法に基づき大統領選挙を実施、新しく選ばれる大統領に政府を移譲する」と発表した。これは統一主体国民会議による大統領選出を意味する。野党は三ヵ月以内に憲法を改正、新憲法に従って二ヵ月以内に直接選挙により大統領を選出すべきだと要求した。

十一月二十四日、全軍指揮官会議は国家安保と法秩序維持に合意した。軍部は既存秩序守護を決議した。政府与党は軍部支援のもと、十二月六日、統一主体国民会議による大統領選挙を強行、崔圭夏代行を大統領に選出した。

崔大統領は十二月八日、大統領緊急措置第九号を解除した。七五年五月に発動された緊急措置第九号は維新憲法の否定、反対、廃止の主張、宣伝を禁止、違反者は令状なしに逮捕する超法規的措置だ。緊急措置第九号の解除で野党リーダー金大中《キムデジュン》の自宅軟禁も解かれた。

崔圭夏大統領就任後の十二月十二日の夜、鄭昇和陸軍参謀総長が合同捜査本部員により逮捕された。いわゆる粛軍クーデタだ。この事件は全斗煥保安司令官を中心に、盧泰愚《ノテウ》少将など朴正熙直系のハナフェ（一心会）・グループを主流とした新軍部が、軍のヘゲモニーをにぎるため鄭総長など先輩将軍を追い出した下剋上の行動だ。

朴大統領が殺害された当夜、鄭総長は金載圭部長の招待で安全家屋別棟で夕食をとり、陸軍本部まで金載圭と同行した。両者は通謀したのではないかという疑いがもたれた。

合同捜査本部長全斗煥少将は事件捜査と称して、大統領の裁可なしに上官の戒厳司令官兼陸軍参謀総長を逮捕、盧載鉉《ノジエヒヨン》国防部長官も連行した。この武力行使に第九師団（師団長盧泰愚少将）第九〇連隊と空挺部隊など実戦兵力六〇〇〇人が動員された。各部隊に散在していたハナフェ会員の将校らがお互い連絡をとりあった。

鄭総長派の首都警備司令官や特戦団司令官はこのクーデタをまったく予期しなかった。しかも実戦兵力はハナフェの中堅将校が全部にぎっている。短時間抵抗したものの、打つ手もなく手を上げた。

鄭総長は全斗煥捜査本部長の増長を嫌って、閑職の東海警備司令官に転任させる意向だった。この人事が外部に漏れた。全斗煥少将は捜査を妨害しようとする陰謀だと激憤した。これが鄭総長逮捕に踏み切った動機だ。

崔大統領は参謀総長逮捕命令の決裁をつきつけられた。崔大統領は逮捕命令に国防部長官の副署がないという理由で決裁しなかった。けっきょく盧国防部長官が保安司令部員により青瓦台に連行されてきた後、事後決裁した。大統領就任直後の時点で、崔圭夏はすでに名目だけの大統領にすぎなかった。

粛軍クーデタを敢行した全斗煥少将ら新軍部の核心は陸士一一期生だ。韓国陸軍士官学校は朝鮮戦争中の五一年に入学した一一期生から正規四年制に改編され、一一期生は自分たちこそ軍を代表するエリートだと自負した。朴正熙大統領も一一期生のなかでも嶺南《ヨンナム》出身の全斗煥、盧泰愚、孫永吉《ソンヨンギル》、鄭鎬溶《チョンホヨン》に目をかけて優遇した。これらはハナフェという秘密グループを結成、団結した。全斗煥がハナフェのリーダーである。

朴大統領暗殺後、社会全体に維新独裁体制清算を要求する声がみなぎった。金載圭を裁く軍法会議で金載圭を義士扱いして英雄視する弁護論もでてきた。ハナフェは危機感を覚えた。粛軍クーデタは大統領暗殺の真相究明であり、大統領の仇討という大義名分をかかげた。

だが実際は軍部の世代交代をめぐる抗争だった。その時点まで韓国軍主流は陸士八期生など先輩将軍たちだった。クーデタで主流の先任将軍らは一掃され、一一期生を中心とする新進勢力が軍の主流にのしあがった。その代表選手全斗煥少将が軍部を掌握した。新軍部が次にねらうのは大統領の座だ。

保安司令部に逮捕された鄭昇和総長は八〇年三月、内乱幇助罪で懲役七年を宣告されたが、六ヵ月後刑執行停止で釈放、八一年三月、赦免復権になった。金載圭は軍法会議で死刑を宣告され、八〇年五月二十四日、絞首刑が執行された。

(2)　孤立無援

生い立ち

青天の霹靂《へきれき》、思いがけなく大統領の座についた崔圭夏《チエギユハ》は江原道原州《カンウオンドウオンジユ》の零落した両班《ヤンバン》の家に生まれ、旧大韓帝国末の儒学の最高学府成均館の博士だった祖父から漢文を習い、儒教伝統のなかで育った。京城第一公立高等普通学校（現京畿《キヨンギ》高校）を二番の席次で卒業、在学中とくに英語が得意だった。四一年に東京高等師範（現筑波大学）英文科を卒業した。高等師範在学中は、家庭教師、翻訳で学費を稼いだ。

帰国後、一時教鞭をとったが、すぐ辞めて四三年、満州官吏養成機関の大同学院に入学した。東京高等師範を卒業した彼がなぜ教壇から離れ、満州まで行ったのか不明だ。やはり新天地である満州で志をとげたいと思ったことが動機だったと考えられるが、大同学院卒業後の満州での経歴は履歴書から脱落している。だが満州体験があったことが、朴正熙《パクジユンヒ》政権で役に立った。

朴正熙政権では満州軍官学校や大同学院出身など満州人脈が台頭した。

解放後、崔圭夏は帰国してソウル大学（旧京城帝大）師範学校助教授になったが、特技の英語を活かして、軍政庁中央食糧行政庁企画課長に転職した。四八年の政府樹立後、農林部糧政課長、帰属農地管理局長に累進した。その後外交畑に転進、五一年に外務部通商局長のポストに移り、五二年、駐日代表部総領事に赴任、その後参事官、公使まで昇進した。五九年、外務次官に昇進したが、六〇年の李承晩《イスンマン》政権崩壊で辞任した。二年間の浪人後、六二年に外務長官顧問に復帰、六四―六七年に駐マレーシア大使、六七年に外務長官に抜擢され七一年まで在職した。崔圭夏長官の外務部人脈はライバル金東祚《キムドンジョ》長官や金溶植《キムヨンシック》長官などとともに三大山脈を形成したといわれる。

七一―七五年は大統領外交担当特別補佐官として南北会談や対米外交を取り仕切った。手堅い行政手腕が見込まれ、七五年には金鍾泌《キムジョンピル》総理の後任として国務総理に就任した。国務総理は大統領継承順位トップだ。

朴大統領暗殺後、崔圭夏は思いもしなかった権力の最高ポストについた。六十歳だ。崔大統領は官吏として几帳面で慎重かつ温厚な能吏だった。しかし細心すぎて、決断力に欠け小心翼々で、現実追従タイプとの批判もあった。駐日代表部勤務のとき、部下の柳泰夏《ユテハ》参事官は李承晩大統領と直接パイプがつながっているのを鼻にかけ傍若無人の振舞いで悪評が高かったが、上司の崔はそれを放任黙認して、次官に昇進したのが一例だ。だが現実追従は独裁者にとって便利だ。それで重用される。崔圭夏は大統領になるまで一度も政党に加入したことがない。選挙により公職についた経験もない。外交官出身で政治地盤は皆無だ。大統領のポストが突然転がり込んできたので、まったく準備がなかった。自前の組織もブレーンもない。崔大統領は新軍部が権力を掌握するまでの二九五日間、権力の真空を穴埋めするつなぎに担がれたにすぎない。

つかの間の春

崔大統領は就任にさいし「今後特別な事情がない限り一年程度で国民大多数が賛同する内容の憲法をつくる。わたくしは前任者の残余任期（八四年まで）を満たさず、なるべく早い時期に憲法を改正、総選挙を実施する」と所信を述べた。崔大統領は改憲日程について「特別な事情がない限り」との但書をつけ、国会改憲特別委員会と別途に行政府でも改憲案を検討すると言明、野党の反発をかった。憲法改正に一年程度の猶予を求めた大統領の発言にたいし野党新民党（総裁金泳三《キムヨンサム》）も、準与党に転落した共和党（総裁金鍾泌）も疑心暗鬼になった。崔大統領がそのまま居座るつもりではないかと疑った。「特別な事情がない限り」の但書を裏返せば、特別な事情があればスケジュール変更もありうることを示唆する。与野党は「任期四年、一回限り重任できる大統領直接選挙制と国会議員任期も四年にする」改憲案をまとめた。

だが新軍部は、秘密裏に着々と政権掌握の陰謀を進めた。世間は朴大統領没後、政権党の共和党は弱体化しており、野党新民党と対決できないと見た。それで強力与党を立ち上げるため新党結成が不可避との風聞が流れた。戒厳司令部は「いかなる集団といえども政治過熱現象を惹起して、現存社会秩序を乱し、無分別な行動に走ることを決して認めない」と警告して、軍の介入があるうりことを暗示した。

崔大統領は、八〇年二月二十九日、金大中《キムデジュン》、尹潽善《ユンボスン》など緊急措置違反の野党人士六八四人を復権特赦した。金鍾泌、金泳三、金大中などいわゆる「三金」は政治活動を開始した。とたんに野党は金泳三、金大中の両派に分裂した。与党共和党でもアンチ金鍾泌勢力が党内整風運動をはじめ、造反した。学園でも自由化の動きが加速、デモが頻発した。大学生は軍事教練を拒否、独裁政権に迎合した御用教授を糾弾するなど大学は騒然となった。与野党はつかの間の春に酔いしれ、有頂天だった。

だが朴政権崩壊は野党の力によるものではない。政権の内紛による。独裁政権一八年を支えた軍部は健在で依然として韓国最大最強の集団だ。

もっとも政治家の誤算にも理由がある。アメリカは朴大統領死後、軍の政治的中立を強調した。新軍部がアメリカに盾突いて政権を奪取するとはよもや思わなかった。

朴政権の経済開発で成長した財界はなによりも安定を望んだ。だれが権力をにぎるにせよ、まず財産と安全を保障してくれる政権の出現を期待した。

八〇年四月十四日、全斗煥保安司令官は中央情報部長代理を兼任した。中央情報部は国内外の情報と政治工作を担当する最強組織だ。保安司令部は軍の捜査、保安業務を担当するにすぎない。権力を手中に収めるためには政治工作をつかさどる中央情報部を掌握するのは必須だ。崔大統領は全斗煥司令官の中央情報部長代理兼任を拒否できなかった。

舎北リンチ事件

改憲手続き、日程などをめぐり政府と野党がはげしく対立した。与野党ともに内紛でもめるなど、混乱がつづいた。大学生によるデモが過激化するなか、労働争議も頻発した。朴大統領暗殺以後、八〇年四月までおきた労働争議は八〇〇件を越す。八〇年四月二十一日、江原道舎《サ》北《プク》の東原《トンウォン》炭鉱の労働争議では四〇〇〇人の労働者が会社建物を壊し警察と衝突、多数の死傷者がでた。このさい御用労組幹部に集団リンチも加えられた。労組幹部の妻が両手をくくられ柱に縛り付けられる光景が大きく報道された。財界は震え上がった。市民も大きな衝撃をうけた。野放図の自由は混乱と無秩序をもたらしかねない。政局安定と治安維持が焦眉の急に浮上した。

アメリカも韓国の不安定な政情に不安を覚えた。国内情勢が険悪の一途をたどるなか、崔大統領は五月十日、サウジアラビアとクウェート訪問に出発した。大統領就任後はじめての外遊だ。当時、海外建設ブームで沸いていた中東産油国のなかで、韓国の最大市場だったサウジを訪問することはそれなりの妥当性があった。だが国内政局が激動するなか一週間も国内を留守にした。これは崔大統領の大きなミスだった。

当時、現代《ヒュンダイ》建設はサウジ高官にたいする贈賄事件でサウジでの受注活動が禁止されていた。大統領のサウジ訪問はこの禁止措置撤回を要請するためと噂が流れた。崔大統領と現代グループのオーナー鄭周永《チョンジュヨン》は同じ江原道出身だ。現代グループ支援のため外遊したとの憶測もあった。大統領の中東歴訪中、国内デモはエスカレートした。デモ隊はソウル都心に進出、ソウル駅とソウル市庁前広場はデモ阻止の催涙弾ガスが立ちこめた。

学生デモで政局は危機の絶頂に達した。崔大統領は日程を一日繰り上げ、五月十六日夜帰国した。五月十七日、新軍部は全軍主要指揮官会議を招集、国会解散、国家保衛非常機構設置、非常戒厳令の全国拡大を決議した。崔大統領は憲政中断は不可として、非常戒厳令の全国拡大だけ裁可した（全国に拡大された戒厳令は、五月十八日午前〇時から施行）。崔大統領は戒厳令拡大措置を公布するさい「最近の混乱がこれ以上つづけば国基を根本的に脅かす恐れがあり、国家と社会安定に必要な措置をとった。秩序回復に努めるべき政治家が政府の安定維持努力を無視して、社会不安を扇動刺激して混乱を深めている。しかし政治発展はなんら変わりなく、着実に進める」と談話を発表した。

この非常戒厳令全国拡大を口実に新軍部は金大中をはじめ、文益煥《ムンイツカン》牧師、金東吉《キムドンギル》、李泳禧《イヨンヒ》教授など反体制指導者を一斉逮捕した。これが光州《クアンジュ》の市民蜂起のきっかけになった。五月二十日、申鉉碻《シンヒョンハク》総理など全閣僚は五月十八日からはじまった光州流血事件にたいし責任をとって辞任した。申内閣退陣とともにソウルのつかの間の春は終わった。

(3)　大統領下野

光州市民蜂起

五月十八日の全国非常戒厳令ですべての政治活動は禁止、全国の大学は休校になった。新軍部は与野党をとわず政治家を一網打尽にした。金大中《キムデジュン》など野党リーダーばかりではない。金鍾泌《キムジョンピル》（共和党総裁）、李厚洛《イフラク》（元中央情報部長）、朴鍾圭《パクジョンギュ》（元大統領警護室長）なども不正蓄財容疑で軟禁した。政権掌握の妨げになる旧政権要人の去勢がねらいだ。朴鍾圭は全斗煥の後見人格だったが、粛清対象に含まれた。金泳三《キムヨンサム》新民党総裁も自宅軟禁された。

金大中の支持地盤である全羅南道《チョルラナムド》光州《クアンジュ》市民は金大中逮捕の報せに興奮した。市民は抗議デモに立ち上がった。デモ鎮圧のため空挺部隊一二〇〇人が投入された。だが数十万人に膨れあがった市民デモに押されて空挺部隊は二十一日、光州周辺に退却せざるをえなかった。鎮圧部隊は三個空挺旅団の増援をうけ、五月二十七日、市内に突入、市民が立てこもる道庁舎を制圧した。この事件で光州市民二〇〇人が死亡、二〇〇〇人以上が負傷、軍の死者二三人、負傷約一〇〇人と発表された。

血なまぐさい内戦ショックで新軍部への抵抗勢力はまったく押さえつけられた。光州事件を口実にした新軍部勢力は国家保衛非常対策委員会を設置、権力を掌握した。鎮圧作戦を進めるに先だって崔圭夏《チェギュハ》大統領は五月二十五日午後、光州郊外の鎮圧部隊本部を訪れ光州市民に向け法秩序回復を呼びかける放送を行ったが、なんら効き目がなかった。崔大統領は鎮圧作戦強行を主張する司令官に「市民の多くが傷つくのではないか……」と懸念を表明したが、作戦は予定どおり強行された。

戒厳司令部は光州事件を金大中が背後で操縦したと断定、内乱陰謀容疑で金大中を含め二四人を起訴した。九月十七日、軍法会議は金大中に死刑、その他二三人にたいし懲役二〇―二年の重刑を宣告した。だがアメリカの圧力で翌八一年死刑は無期に減刑、八二年十二月、刑執行は停止され、金大中は夫人同伴でアメリカに向け出国した。

戒厳司令部は金泳三に政界引退の声明を強要、金鍾泌にたいしては不正蓄財のかどで不動産など二一六億ウォンを没収した。新軍部政権は十一月、「三金」を含む五六七人にたいし新憲法の規定により制定された政治風土刷新特別措置法により「八年間の政治活動禁止」を適用、追放した。

下野声明

光州事件が鎮圧された後の五月三十一日、崔大統領が議長となり、主要閣僚と軍首脳など二六人を委員とする国家保衛非常対策委員会（国保委）が発足した。この国保委常任委員長に全《ジュン》斗煥《ドファン》少将が就任した。国保委議長の大統領は飾りにすぎず、実権は全斗煥常任委員長にある。国保委は国会を解散、立法、行政、司法の三権を掌握した。

以後、崔大統領に残された仕事といえば、新軍部に合法をよそおった政権移譲手続きを踏むことしかなかった。六月十二日、崔大統領は談話を発表、「今後憲法改正審議委による改憲作業を進め、八〇年十月末までに改憲案を国民投票により確定、八一年上期中に選挙を実施、政権を移譲する」と声明した。改憲案作業も国保委が進めた。崔大統領は七月十五日、青瓦台《チョンワデ》で国務会議を開き「不正と不条理の一掃」を強調した。この国務会議は崔大統領が主宰した最後の閣議だった。

崔大統領は八月十六日、大統領職を辞任した。下野にさいして崔大統領は「民主国家の平和的政権移譲にさいして国政の最高責任者が国益を優先させる国家的見地に立って、任期以前でも自らの判断と決心によって、合憲的手続きにより政府を承継権者に移譲するのも、政治発展の一つ」と下野理由を語った。崔大統領の下野により朴忠勲《パクチユンフン》国務総理が大統領権限代行に昇格、統一主体国民会議が招集され、ここで全斗煥常任委員長を大統領に選出した。

朴正熙《パクジユンヒ》大統領死亡後、その職を継承した崔圭夏は朴大統領の残余任期（八四年十二月まで）を満たさず途中で下野した。崔大統領は改正憲法による大統領選挙を管理して、当選者に大統領職を譲る公約を守れなかった。崔圭夏政権の一〇ヵ月は過渡期だった。政党、官僚、軍部のだれもこの過渡政権を支えようとしなかった。しかも過渡政権は善良な管理者として徹すべき役目を忘れ、途中で新党づくりや、長期政権に未練を見せたと疑われた。それが命取りになった。

下野後崔圭夏は公の席に一切姿を現さず、沈黙で一貫した。第五共和国が終わった後、国会は粛軍クーデタと光州民主化闘争に関する公聴会を開いた。崔前大統領も国会証言を求められた。だが頑として証言を拒んだ。「大統領在任中の政策決定にたいして外部に公開しないのが、公人の責務」との理由だ。国会はたびたび証言を要求、最後は証言拒否で告発するとまで圧力を加えたが、あくまでかたくなに証言を拒否した。崔大統領がそのような権威意識と責任感を大統領在任中に発揮していたらとの皮肉まじりの批判も出された。

泰平の能吏、乱世の無能

崔圭夏は在任二九五日の短命大統領だった。朴大統領暗殺という劇的事件の後でなんら心構えもないまま、継承順位一位だったので大統領に担がれた。大統領として準備不足と決断力不足は否めない。しかも粛軍クーデタやデモ、それに光州流血事件などの危機にさいし、危機管理能力の不在をさらけ出した。李承晩《イスンマン》政権崩壊後、許政《フジョン》過渡内閣は過渡の役割に徹してきぱきと憲法改正、総選挙を管理して民主党に政権を移譲した。それと対照的に、崔圭夏大統領は憲法改正、政権移譲スケジュールの公表に慎重だった。一部には崔大統領が政権移譲スケジュールをいち早く発表していたら新軍部の台頭を防ぐことができたという批判もある。だが民主党政権も朴正熙将軍のクーデタを阻止できなかった。同じように崔圭夏大統領も新軍部の台頭を抑えきれなかった。崔大統領は戒厳令の施行期間中に在任した。戒厳令のもとでは戒厳司令官、つまり軍が三権に優越するパワーを行使した。崔大統領が約束した憲法改正も彼が下野した後、非常戒厳令のもと、国民投票により確定して、全斗煥大統領の第五共和国が誕生した。

崔圭夏は大統領就任後、側近に「後世に恥ずかしくない憲法制定に寄与して政権を移譲、平和的政権交代の先例を残したい」と語った。その望みはかなわず、平和的政権交代の先例を残せなかった。退任後の、崔圭夏前大統領の沈黙は新軍部の台頭と光州流血を防げなかった悔恨のせいともいえよう。

崔圭夏は朴正煕とは似ていて、違う。両者ともに師範系で、満州でニューフロンティアを模索した。一人は軍人、もう一人は文官の道を選んだ。クーデタで政権をとった朴正煕は、同じような経歴、軌跡をたどった崔圭夏を重用した。朴正煕死後、崔圭夏はその跡を継いだ。リスクを冒してクーデタを敢行した朴正煕は暗殺された。リスクを忌避して権力を譲った崔圭夏は生きのびた。両者の生き様は対照的だ。

崔圭夏は泰平の世で有能な官僚だが、乱世の大統領として、その責務を果たせなかった。「疾風に勁草《けいそう》を知る」。リーダーは危機でこそ真価を問われる。

第5章

全斗煥

1931. 1.18生—
第11代 1980. 8.27—1981. 2.24
第12代 1981. 2.25—1988. 2.24

全斗煥大統領（提供・毎日新聞社）

(1)　韓国軍閥の系譜

乱立する軍派閥

第五代大統領全斗煥《ジュンドファン》将軍は嶺南《ヨンナム》軍閥の第二世代だ。朴正熙《パクジュンヒ》大統領暗殺後、権力の真空が突如発生した。政権批判勢力も政権を担当するだけの準備態勢が整っていなかった。混乱のなか嶺南軍閥の若手代表で、韓国最大最強の組織である軍部を掌握した全斗煥将軍が権力を承継した。それは惰性で動く歴史の必然のなりゆきだった。

全斗煥は歴史の歯車を逆に戻したといわれる。だが歯車を逆回転させたのではない。回転の惰性を止めなかっただけだ。全斗煥は朴正熙将軍を頂点とする嶺南軍閥のなかの第二世代の先頭ランナーだった。

彼は朴大統領を暗殺した金載圭《キムジエギュ》中央情報部長を逮捕、処刑した。その実績をバックに一躍嶺南軍閥の代表にのしあがった。対照的に朴大統領の後継者として自他共に認めた金鍾泌《キムジヨンピル》共和党総裁は軍部の支援をとりつけることができなかった。そこには忠清道《チユンチヨンド》出身という彼の地域的ハンディキャップも作用した。混乱のなか、金鍾泌は動きがとれず、全斗煥のクーデタに膝を屈してしまった。

韓国軍閥の歴史は解放後の国軍創設にさかのぼる。韓国に進駐した米軍は一九四五年十二月、軍事英語学校（ミリタリー・ランゲージ・スクール、軍英）を開校、英語ができる将校の養成に着手した。軍事英語学校は五ヵ月存続、卒業生は四六年一月に創設された国防警備隊幹部に登用された。軍英出身将校は一一〇人で、うちわけは日本陸士一二人、学兵（学徒出陣組）七二人、陸軍特別志願兵六人、満州軍一八人、中国軍二人だ。軍英出身一一〇人のうち大将八人、中将二〇人など将軍に昇進したのは六八人だ。また軍の最高ポストである参謀総長に一三人が任命された。

軍英学校廃止後、国防警備士官学校（警備士）が創設され、一期から六期まで一六〇〇人を短期訓練した。朴正熙は警備士二期だ。四八年の政府樹立直後、警備士七期から陸軍士官学校に改称され、朝鮮戦争勃発当時、一〇期生までを数えた。四八年十二月に入学した八期生が金鍾泌など朴正熙将軍のクーデタの主力になった。

陸士は戦争で休校になり、五一年十二月、正規四年制課程の陸士が再開、このとき全斗煥、盧泰愚《ノテウ》など一一期生が入学した。正規四年制の一一期生は自らを事実上の陸士一期生とみなし、韓国軍のエリートを自負した。初期の韓国軍首脳部は、日本陸士卒を主体に学兵出身、志願兵出身などの日本軍系、満州軍官学校出身、それに独立軍（光復軍）、中国軍出身などの派閥が対立した。

一九三三年から四五年までに日本陸士を卒業した韓国人七十余名のなかで、太平洋戦争で生き残った将校は、初代陸軍参謀総長蔡秉徳《チエビョンドク》（日本陸士四九期）少将を中心に、韓国軍の主流を形成した。丁一権《チョンイルゴン》大将が満軍系のリーダーだ。朴正熙は日本陸士に在学し、満軍系と日本軍系双方にまたがっているが、満軍系と見られていた。

李承晩《イスンマン》は軍部を警戒、日本軍出身と満軍、中国軍、光復軍出身を競い合わせた。満軍組は満州と地理的に近い北朝鮮出身者が多かった。李大統領はとくに北朝鮮出身者を偏愛、軍高級幹部に蔡秉徳、丁一権、白善燁《ペクスンヨップ》、張都暎《チャンドユン》将軍などを重用した。歴代陸軍参謀総長ポストは七八年まで日本軍・満軍出身者が独占した。

嶺南軍閥の台頭

嶺南出身の朴正熙将軍が政権をとると、北朝鮮出身者を疎外した。代わって嶺南軍閥が台頭した。クーデタで権力を手にした朴大統領は軍部の動向に細心の注意をはらった。国内外の情報収集と謀略をつかさどる機関、中央情報部を創設するいっぽう、軍部の情報、統制のため従来の特務（防諜《ぼうちょう》）部隊を保安司令部に昇格、腹心を配置した。これらが政治将校になる。野戦将校よりも政治将校が軍の主流に浮上した。

だが嶺南軍閥内で権力闘争がはじまった。中央情報部長の金鍾泌は朴大統領の姪婿だが、忠清道出身だ。嶺南軍閥ではアウトサイダーだ。これが、彼が後継者になれなかった原因だ。

嶺南軍閥で初期に脚光を浴びたのは首都警備司令官尹必鏞《ユンピルヨン》少将だ。尹少将は陸士八期生、朴正熙師団長のもとで大隊長、軍需参謀などを歴任した。朴将軍は転任するたび尹をともなうほどその信任が厚かった。クーデタ後最高会議議長秘書室長代理、防諜部隊長、ベトナム派遣猛虎師団長を歴任、七〇年に首都警備司令官に登用され、出世街道を驀進《ばくしん》した。先輩将軍も尹少将のご機嫌を伺うほどだった。

尹将軍の威勢が高まるにつれ嫉視《しっし》も強まった。朴大統領も警戒の目を向けた。大統領警護室長朴鍾圭《パクジョンギュ》や金載圭保安司令官も尹将軍の台頭を快く思わない。

大統領自身、側近を競わせ、「分割して統治する」というマキャベリズムを信奉した。七二年夏、李厚洛《イフラク》中央情報部長は平壌《ピョンヤン》に乗り込み、金日成《キムイルスン》首相と南北対話再開のきっかけをつくり、人気の絶頂にあった。大統領は李厚洛の人気にも神経を尖らせた。しかも朴大統領は密かに終身政権を企んでいた。

尹必鏞は大統領のこうした意向も知らず、三選後、退任を前提として政権移譲後の後見人の役割を大統領に進言して激怒をかった。ちょうどこのとき、李厚洛と尹必鏞が親密すぎるという噂が大統領の耳に入った。疑心暗鬼になった大統領は姜昌成《ガンチャンスン》保安司令官に指示、尹必鏞とその側近を全員逮捕、軍法会議にかけた。尹将軍は不正腐敗のかどで懲役一五年を宣告され失脚した。尹必鏞事件で窮地に立たされた李厚洛はその挽回を図って、翌七三年八月、東京から金《キム》大中《デジュン》を拉致するという事件をおこした。だが李厚洛も金大中拉致事件の責任を問われて解任された。七四年八月、大統領夫人陸英修《ユクヨンス》女史が暗殺された。警護責任を問われて朴鍾圭警護室長も辞任した。これで朴政権初期の嶺南軍閥の主だった人脈は入れ替わった。

代わって車智澈《チャジチュル》警護室長、金載圭中央情報部長などが舞台前面に登場した。車智澈、金載圭の両者の軋轢が大統領暗殺を招いた。嶺南軍閥内の抗争がつづくなか、若手グループのリーダーとして全斗煥が頭角を現した。

(2) 政治将校

生い立ち

全斗煥《ジュンドファン》は一九三一年、慶尚南道《キョンサンナムド》陜川《ハップチュン》の貧農の五男に生まれた。八歳のとき両親に連れられ満州に行ったが、一年足らずで帰国、大邱《テグ》に定着した。家が貧しく、大邱工業高校に通ったときには新聞配達などアルバイトで学費を稼いだ。学業成績は普通だったが、スポーツが得意でサッカーに熱中、仲間の間で親分気質の片鱗をみせた。

朝鮮戦争中の五一年十二月、全斗煥は陸士に第一一期生として入学した。戦争で休校していた陸軍士官学校はこの年再開され、はじめて正規四年課程の生徒を入学させた。一一期生のなかには盧泰愚《ノテウ》、鄭鎬溶《チョンホヨン》、金復東《キムボッドン》など、後年嶺南《ヨンナム》軍閥の主流を形作る面々がいた。入学式は李大統領、リッジウェー国連軍司令官が出席して盛大に挙行された。

陸士一一期生は当初から韓国軍のエリートとして嘱望された。貧困の家庭に育ち、これといった社会的背景のない全斗煥にとって陸士入学は人生の転機だ。これで軍のエリートコースに乗った。陸士の卒業席次は中間ぐらいだったが、スポーツ万能でサッカーのゴールキーパーを務めるなどして交友の幅を広げた。

五五年任官後、全斗煥大尉は精鋭空挺部隊の創設メンバーに選ばれ、六〇年にアメリカ・ポートベニングの特殊教育機関でレインジャー・トレーニング・コースと落下傘降下訓練をうけて帰国、空挺団の創設にたずさわった。このときともに受講したのが車智澈《チャジチュル》大尉だ。

六一年、朴正熙《パクジュンヒ》将軍がクーデタを決行したとき、全斗煥大尉はソウル大学配属将校（文理科大学ROTC〔予備軍事訓練団〕教官だった。彼はいちはやくクーデタに同調、陸士校長の反対を押し切って、後輩の陸士生徒にクーデタ支持行進を促した。ソウル市庁前の陸士生徒による軍事革命支持行進は大きな宣伝効果があった。

この功績が認められ、全斗煥大尉は最高会議議長秘書官に抜擢され、以後中央情報部人事課長、首都警備司令部大隊長、陸軍参謀総長副官とトントン拍子で出世した。彼は陸士一一期の同期生会長ばかりでなく、一一期以後卒業生の総同窓会（北極星会）会長に選ばれ、同期生のトップをきって大領（大佐）に昇進、若手将校のリーダーとして浮上した。

七〇年、ベトナム派遣白馬師団第二九連隊長として実戦を戦い、帰国して精鋭をもって鳴る第一空輸特戦団長、七三年准将に昇進、大統領警護室次長補、七七年少将に昇進、第一師団長を経て七九年三月、保安司令官に着任するという順風満帆のコースを歩んだ。

全斗煥は朴正煕大統領の黙認のもと、陸士卒業生のうち主として嶺南出身の優秀な将校を糾合して私組織ハナフェ（一心会）も結成した。これは朴政権の軍部内の親衛グループだ。朴大統領はハナフェを黙認したばかりでなく、会員に軍刀や揮《き》毫《ごう》などを下賜して激励した。尹必鏞《ユンピルヨン》や朴鍾圭《パクジョンギュ》など嶺南軍閥の実力者も若手将校のリーダー全斗煥に多額の活動資金を渡した。全斗煥はそれを気前よく会員に散じた。このハナフェ・メンバーは互いに気脈を通じて首都警備司令部、保安司令部、特戦司令部、大統領警護室、西部戦線の各師団など要職を仲間同士でたらい回しした。全斗煥夫人の父李圭東《イギュドン》少将も満州帰りで陸士校長を歴任した。この閨閥の力も作用した。

七三年の尹必鏞事件で尹将軍と近かったハナフェ会員は退役処分になった。この事件で全斗煥の地位は高まった。ハナフェ内で競い合った同期生孫永吉《ソンユンギル》大領も事件に連座して失脚した。孫永吉は朴大統領が師団長のときから副官を歴任、大統領の信頼が厚かった。だが尹必鏞事件でレースから脱落した。

5・17クーデタ

全斗煥は准将のとき、第一空輸特戦団の副団長と旅団長を五年間務め、特戦司令部人脈を築いた。下剋上クーデタで全斗煥側に立った盧泰愚、鄭鎬溶や軍幹部らはみな特戦司令部の空輸特戦団出身だ。

朝鮮戦争のとき、米軍は韓国軍の作戦指揮権を掌握した。朴政権は大統領警護などを理由に一部兵力の指揮権返還を要求、一部の指揮権が返還された。朴大統領は米軍の干渉なしに独自に指揮できる首都警備司令部の兵力を特戦団に改編、クーデタ防止の役割を担わせた。空輸特戦団は機動性にとみ、戦略部隊の性格をもつ精鋭部隊だ。アメリカは特戦団の強化拡大について、その暴走を懸念、難色を示したほどだ。

空輸特戦団は有事に備えソウル郊外に配置された。粛軍クーデタのとき、この特戦団は保安司令部に加担して国防部と首都警備司令部制圧の先鋒に立った。

七九年の朴大統領暗殺事件にさいし全斗煥保安司令官の行動は果敢機敏だった。暗殺犯の金《キム》載圭《ジェギュ》部長を逮捕し、暗殺陰謀の巣窟と思われた中央情報部を一挙に制圧接収した。戒厳司令部合同捜査本部長になり、すべての情報と捜査活動を総括した。十二月十二日には粛軍クーデタで三権を掌握している上官の戒厳司令官兼陸軍参謀総長を抜き打ち逮捕、崔圭夏《チエギュハ》大統領に事後裁可を強要して軍部を掌握した。

粛軍クーデタ後、新軍部勢力が断行した軍人事は、一一期生の盧泰愚少将を首都警備司令官、鄭鎬溶少将を特戦司令官に配置して、軍首脳はハナフェで固めるというものだった。崔大統領は有名無実のロボットに転落した。全斗煥将軍は保安司令部スタッフに朴正煕将軍の軍事クーデタの先例を詳細に研究するよう命令した。政権掌握のケーススタディである。その後、新軍部がとった行動は朴正煕の六一年クーデタのシナリオをそっくりなぞったものだ。

「歴史はくりかえす。最初は悲劇として、次は喜劇として……」という。全斗煥の政権奪取もまさにそれだった。彼は八〇年四月、中央情報部長代理を兼任した。これで全斗煥は事実上韓国の権力を掌握した。中央情報部は政治工作の本拠だ。そこに蓄積されているノウハウを活用するのは政権奪取に必須だった。

粛軍クーデタ後、彼はお手盛りで九ヵ月の間に、中将、大将と二階級昇進した。五月十七日、学生デモを口実に非常戒厳令を拡大、これに抵抗する光州《クアンジュ》市民の民主化決起を流血鎮圧した。その後、鎮圧部隊出動をめぐり韓国内でアメリカを非難する声が高まった。米軍は韓国軍の作戦指揮権をにぎっている。光州民主化闘争を武力で抑圧した新軍部の行動をアメリカが容認したという批判だ。これが米韓摩擦の大きな原因になった。光州事件後の殺気だった雰囲気のなか、三権すべてを掌握、行使する国家保衛非常対策委員会（全斗煥常任委員長）が発足した。

大統領就任

国家保衛非常対策委員会（国保委）は在野リーダー金大中《キムデジュン》を逮捕するいっぽう、金鍾泌《キムジョンピル》、李厚洛《イフラク》などを権力型不正蓄財者だときめつけ、その資産を没収した。粛清旋風は政界ばかりでなく、官界、学界まで吹き荒れ、国保委は公務員、教授、国営企業幹部の多くを不正腐敗や反体制などの理由で追放した。

新軍部にとって政党とマスコミの統制は至上命令だ。政治風土刷新特別措置法を制定、政治家五六七人の政治活動を禁止した。言論機関も八〇年末までに地方紙を一道一紙に統合、新聞六四紙のうち四四紙が廃刊された。

新聞社所有のラジオ、テレビ放送も強制没収、公営化した。テレビは国営KBS、公営MBCなど三社に整理された。国営放送広告公社を新設、テレビ広告を独占させた。これでテレビは完全に御用機関に転落した。定期刊行物一七二種も廃刊処分になった。言論基本法を制定、すべてのマスコミを統制した。マスコミ関係者六百余人も反体制活動容疑で追放した。労組活動、学生運動も弾圧、社会悪一掃という名目のもとで六万人を令状なしに逮捕拘禁、そのうち三万七〇〇〇人を「三清教育隊」に拘引して、矯正の名目で強制労働を強いた。受験戦争の弊害をなくすと称して課外授業を禁止した。新軍部は社会全般にわたり浄化のタテマエで強権を発動した。

有名無実の崔大統領は八月十六日に辞任した。これをうけて全斗煥大将は退役、同二十七日統一主体国民会議は彼を第一一代大統領に選出した。

全斗煥大統領は九月一日正式就任、九月二十九日、憲法改正案を公告した。改憲案は任期七年単任制の大統領中心制だ。大統領は選挙人団により選ばれる間接選挙を存続させた。改憲案は国民投票にかけられ九〇％の賛成をえて公布された。

新憲法に基づき八一年二月大統領選挙が実施され全斗煥が第一二代大統領に選ばれた。第五共和国の成立である。米国務省は八〇年八月十六日、「韓国指導者の選択と採択される憲法の内容は韓国人が解決すべき課題」だとして全斗煥政権を認めていた。

全斗煥の政権掌握にたいするアメリカの反応はあいまいだった。カーター政権は朴正熙独裁政権と不和だった。七九年末、朴大統領暗殺事件の直後、イランのアメリカ大使館占拠事件、ソ連軍のアフガニスタン侵攻など国際情勢が激動していた。

新軍部は光州民主化決起の鎮圧はアメリカの容認と支援のもとで行ったとほのめかす情報を流した。アメリカが粛軍クーデタや光州決起を武力鎮圧した全斗煥政権を支持したという情報は韓国人の間に反米感情と恨みを残した。しかし当時、カーター政権はイランでのアメリカ大使館員人質救出作戦が失敗して窮地に立たされており、韓国情勢に介入できる状況ではなかった。

八一年のレーガン大統領就任直後、全斗煥大統領は真っ先に訪米した。アメリカが韓国に金大中を助命すれば全斗煥を招請すると約束したからだ。韓国大統領の訪米は一二年ぶりだ。米韓首脳会談後、両国は「在韓米軍の継続駐屯と韓国軍の現代化計画支援」を共同発表した。レーガンは在韓米軍を四万三〇〇〇人まで増強した。これは七二年以来最大規模の兵力だ。公表されなかったがアメリカはF-16戦闘機一六機の売却にも合意した。

タカ派であるレーガン、全斗煥両者はウマがあった。冷戦末期、米ソ両国は軍備競争の真っ最中だった。アメリカは反共の最前線韓国の不安定を望まない。新軍部政権は、朴政権時代にこじれきった対米関係の正常化に成功した。軍法会議で死刑宣告をうけ、その後無期懲役に減刑され服役中の金大中は、八二年十二月、刑執行停止で釈放され、政治活動禁止の条件付きでアメリカに出国した。

(3)　オリンピック景気

第五共和国

全斗煥《ジュンドファン》大統領時代を韓国人は「五共《オーゴン》」（第五共和国の略称）と呼ぶ。五共は開発独裁の稚拙な模倣作で、亜流にすぎなかった。全斗煥政権はあらゆる面で朴正熙《パクジュンヒ》政権の手法をそっくり踏襲した。国家保衛非常対策委員会も朴正熙将軍がクーデタ直後につくった国家再建最高会議の焼き直しだ。言論統廃合措置も六一年に実施した言論規制と同じ発想による。新党、民主正義党を創党結成、新軍部将校が軍服を脱いで政界に進出したのもそっくりだ。日本の経済協力を導入、経済開発に活用したのも似ている。暴力団を逮捕し、見せしめにきびしく処罰したのも同様だ。

全斗煥政権は朴政権末期に悪化した対米、対日関係の修復に着手した。アメリカの対韓感情はコリアゲート事件で悪化したばかりではない。朴大統領が自主国防確立のため進めた核開発にはげしく反発した。全大統領は核開発を放棄、アメリカ製武器を購入して、韓国軍を現代化する計画を約束して、アメリカの支持をとり戻した。

金大中《キムデジュン》拉致事件後、悪化した対日関係も改善した。中曽根康弘政権が八二年に発足した後、日本から経済協力四〇億ドルの支援を導入した。日韓関係が好転したのをうけて、全大統領は八四年九月、韓国大統領としてはじめて日本を公式訪問した。中曽根内閣も歴史教科書に関する韓国側の反発に配慮、藤尾正行文相を更迭した。

しかし全斗煥政権は内政面で難問に直面した。朴政権の不均衡経済成長による後遺症が八〇年代はじめ、噴出した。第二次オイルショックも重なった。八〇年は政局不安で経済活動が萎縮、それに凶作まで重なって経済成長率はマイナス五％に落ち込んだ。これは六二年、経済開発がはじまって以来、はじめてのマイナス成長だ。オイルショックで外債も七九年の二〇三億ドルから四年間で四三一億ドルと倍増、深刻な危機に直面した。金融、海運、海外建設などは破産直前にまで追いつめられた。全斗煥政権は放漫経営にあえぐ財閥にたいし重化学投資調整という名目で支援、経営が行き詰まった不実企業は整理するなど大ナタをふるった。この過程で政権と財閥の癒着は加速化した。

だがこのとき神風が吹いた。八五年を境に韓国経済は息を吹き返した。八五年、プラザ合意による円高ドル安がそれである。国際原油価格と国際金利も下がった。ドル安はそれに連動するウォン安につながる。ドル安、原油安と国際金利安の三低景気は韓国の輸出競争力を向上させ、メイド・イン・コリアが海外市場に溢れた。韓国経済はＮＩＥＳ（新興工業国群）の優等生だともてはやされた。

政権奪取の暗いイメージを払拭するため、人気挽回策として全斗煥大統領はオリンピック招致に乗り出し、官民あげて総力戦を展開した結果、八一年バーデンバーデンのＩＯＣ（国際オリンピック委員会）総会で八八年大会のソウル招致に成功した。八〇年代後半、韓国は日本に劣らないバブル景気で盛り上がった。慢性赤字だった経常収支は八六年から黒字に転換、外債も二〇〇億ドル台に減少、株価も急騰し、株価平均指数は五年間で六倍も上昇した。

高まる民主化の欲求

経済が好転するにつれ、全斗煥政権の強権統治にたいする不満が韓国人の間で徐々に拡散した。朴正熙の開発独裁は一人当たり国民所得六〇ドルのときには通用した。それを模倣した全斗煥の強権統治は国民所得一二〇〇ドルに発展した時代では時代錯誤だ。

経済発展は民主主義を熱望する中産階級を量産した。所得増大と民主主義への欲求は正比例する。朴大統領暗殺後の混乱でなによりも安定を求め、新軍部政権の登場を受け入れた中産階級は、時間がたつにつれ全斗煥政権の権威主義的支配に反発する。

全斗煥政権では権力がらみのスキャンダルが頻発した。張玲子《チャンユンジャ》事件とよばれる大型手形の詐欺、明星《ミョンスン》グループや永東《ヨンドン》開発をめぐる銀行の不正融資事件などがそれだ。

大型事故も続発した。八三年九月、大韓航空００７便がサハリン上空でソ連戦闘機に撃墜され乗客乗員二六九人全員が死亡した。十月九日、ビルマ（現ミャンマー）訪問中の全斗煥大統領一行は北朝鮮テロリストが仕掛けた時限爆弾により副総理など随行員一七人が殺害されるテロ事件もおきた。

全斗煥政権は国際世論へのアピールとオリンピック開催をひかえ自由化を認めざるをえないジレンマにおちいった。強硬措置をとればデモでオリンピックが開けない。大会中止を懸念したサマランチＩＯＣ会長は全斗煥大統領に大統領選挙延期を示唆する書簡を送った。

八三年以降、旧政治勢力の政治活動が解除された。八五年二月の総選挙で野党新韓国民主党（新民党）は躍進、与党の一四八議席にたいし一〇三議席を占め、与党と拮抗する。八六年二月、フィリピンのマルコス長期政権が崩壊、アキノ大統領が選出された。いわゆるピープルズ・パワーによる黄色革命である。これに刺激された新民党は金泳三《キムヨンサム》、金大中を中心として院内と院外で全斗煥政権の正統性を批判、大統領直接選挙制への改憲を強く求める運動をはじめた。全斗煥政権は大統領間接選挙制の憲法をあくまで守護すると護憲を揚言、反政府運動を弾圧した。

八七年一月、警察の拷問によるソウル大学生朴鍾哲《パクジョンチョル》の死亡事件が新聞によってすっぱ抜かれた。これが反政府民主化運動の火に油を注いだ。事態を傍観していた中産階級も反政府闘争に共鳴して合流した。政権内部でも強硬派と穏健派が対立していた。全斗煥は就任当初から平和的政権交代を言明した。平和的政権交代とは後継者への禅譲だ。

全斗煥は後継者選択に迷った。最終的に陸士同期で、つねに自分に兄事して、12・12粛軍クーデタで麾下《きか》の部隊を投入して国防部を制圧した功労のある盧泰愚《ノテウ》を後継者に選んだ。全斗煥政権下で盧泰愚は、内務、体育部長官などを歴任して穏健派と目されていた。朴鍾哲事件を契機に政権内部で穏健派が優勢になり、盧泰愚が八七年六月、次期大統領候補に指名された。

だが全斗煥は改憲論議中止と既存憲法による体制維持に固執した。政権の硬直した姿勢は民主化運動をさらにあおった。八七年六月、政権と反政府運動の対立は頂点に達した。六月二十六日、国民平和大行進は全国三七都市で一八〇万人が参加する空前絶後の市民デモになった。全斗煥は戒厳令を布き、軍を投入して強行突破を図ろうとした。だがアメリカは圧力を加えた。軍首脳も強硬策に反対した。全斗煥は譲歩と妥協による危機回避を選択した。

六月二十九日、盧泰愚大統領候補は「国民大和合と偉大なる国家への前進のための特別宣言」、いわゆる「6・29民主化宣言」を発表した。宣言内容は大統領直接選挙制と言論の自由化など社会全般の民主化措置だ。

全斗煥と盧泰愚が大統領直接選挙制移行を決意したのは政治活動の自由化で野党分裂の可能性を読んだからだ。金大中が政治活動を再開すれば金泳三と対立するのは必至だ。野党大統領候補は一本化できず、盧泰愚候補が当選できるとの予測だ。この読みは的中した。6・29民主化宣言をうけ、八七年十月、大統領直接選挙制を採択した憲法が改正され、十二月十六日、大統領選挙で野党候補金泳三、金大中、金鍾泌《キムジョンピル》の三人が乱立、野党支持票は分散、盧泰愚候補が漁夫の利をえた。

翌八八年二月、全斗煥は公約通り七年単任大統領の任期を満たして、平和のうちに退任した。だがドラマはこれで終わらなかった。

(4)　権力とカネ

院政は霧散

全斗煥《ジュンドファン》は退任後も政治的影響力を温存しようとした。そのため大統領経験者など元老からなる国政諮問会議を活性化しようとした。国政諮問会議の法定議長に就任、国政を遠隔操作する構想だ。院政である。執務場所としてシンクタンクの日海《イルヘ》財団を設立した。

だが権力者はライバルを認めない。盧泰愚《ノテウ》は大統領に就任するとたちまち反旗をひるがえした。マスコミは大統領に同調して、国政諮問会議を屋上架屋の無用の長物で権力の二重構造だときびしく批判した。全斗煥の院政構想は霧散した。

八八年四月、第一三回総選挙が実施された。全斗煥は在任中、第一三回総選挙の与党公認候補に意中の人士を内定していた。盧大統領はそれを嫌って公認内定をひっくり返した。それればかりでなく、従来の中選挙区（定員二人）を小選挙区制（定員一人）に変えた。公認漏れで無所属出馬した元与党議員はバタバタ落選した。国会は与党少数、野党多数のねじれ現象を呈した。

大統領退任後、全斗煥は四面楚歌のなかに立たされた。実弟、義弟など親族多数が不正疑惑で逮捕収監された。全斗煥にたいするすさまじい報復がはじまった。八八年九月、全世界から選手、役員と報道陣八〇〇〇人が集まって盛大に開かれたソウル・オリンピック開会式には大会を招致した当人の全斗煥はとうとう姿を現さなかった。

野党は前大統領の光州《クアンジュ》民主化闘争の流血鎮圧責任と在任中の不正蓄財を追及した。全斗煥は在任中統治資金と称して財界から莫大な政治資金を受け取った。財閥は利権がらみで定期的に数十億ウォンを大統領に献金した。全斗煥は与党の政治資金は法定枠内に限定させ、その他ヤミの献金はすべて青瓦台《チョンワデ》で直接受け取った。政治資金を大統領が直接受け取るのは法律違反で三年以下の懲役、もしくは五〇〇万ウォン以下の罰金、受け取った金品は全額没収と「政治資金に関する法律」は規定している。

八五年、財閥序列七位の国際商事グループが空中分解した。グループ倒産は日海財団設立の寄付を惜しんだためだと世間は取りざたした。以後財閥は先を争って日海財団に寄付した。日海財団への寄付総額は五九五億ウォンに達した。それ以外にも大統領夫人が設立者になった心臓財団も莫大な寄付を集めた。

世論が沸騰するなか、全斗煥は八八年十一月二十三日、「在任中におきた不正非理にたいし謝罪、全財産を国庫に献納する」と声明を発表、現金一三九億ウォンを献納、江原道《カンウォンド》山奥の百《ベク》潭寺《タムサ》に隠遁《いんとん》した。そこで二年間幽閉同様の蟄居をよぎなくされた。日海財団は没収され、政府のシンクタンク世宗《セジョン》研究所と改称された。前大統領は八九年十二月三十一日、国会の五共《オーゴン》非理調査特別委員会の聴聞会に証人として立たされ、野党議員の一一二五項目にわたるきびしい尋問にさらされ、コップの水をぶっかけられる屈辱も味わった。

九〇年十二月、百潭寺の蟄居生活から解放され、ソウルにもどった後は人目を避けて、ひっそりと隠居生活を送った。だが、これですべて決着がついたのではない。

歴史を逆回転

九三年、金泳三《キムヨンサム》大統領が就任した。金泳三政権は九五年十月、盧泰愚前大統領の秘密資金を摘発、これが導火線となって全、盧二人の粛軍クーデタ責任と在任中の不正蓄財をとりあげ逮捕収監した。金泳三政権は元・前大統領を断罪するため、遡及法を制定して過去の行状を追及した。裁判で全斗煥被告側は「光州流血事件は戒厳令違反の暴動を鎮圧する過程で偶発的に発生した事件」であり、「不正蓄財は、統治資金として財閥から献金をもらったもので、これは歴代政権の慣行だった」と抗弁した。

法廷は第一審で全斗煥に死刑と追徴金二二〇五億ウォン、盧泰愚に懲役二二年六ヵ月、追徴金二六二八億ウォンの判決を下した。九七年四月、大法院の最終判決で全斗煥に無期懲役、盧泰愚に懲役一七年が確定した。追徴金は減額されず原審通りの判決だった。

最終判決が下された八ヵ月後の九七年十二月、二人は大統領特赦で出獄した。金泳三大統領の政治的打算によるものだ。

全斗煥は出獄にさいして報道陣に「頭を休めるにはよかった。だが二度と入るところでない」と冗談をとばして、余裕綽々《しゃくしゃく》の態度を見せた。世論は「不正蓄財にたいし、反省の色が寸毫もない」と批判した。

全斗煥は釈放後、仏教に心酔して、閑居している。政府は全斗煥からは追徴金の一四%、三一三億ウォン、盧泰愚からは六六%、一七四一億ウォンを徴収したものの、それ以上強制執行はできず、残額は二〇〇一年四月、時効で消滅した。

大統領全斗煥の唯一の業績は独立以来一度もなかった政権の平和的交代の先例を残したことだ。李承晩《イスンマン》をはじめ歴代大統領四人はそろって任期を全うせず途中下野した。全斗煥は大統領就任にさいして「かならず政権の平和的交代を実現させて退任する」と公言した。公約通り、盧泰愚を後継者に指名、任期を全うして退任した。与党内の政権たらい回しだとする批判はあるが、大統領ポストを平和的に交代する先例を残した。

だが不正蓄財で大統領の権威と名誉を泥まみれにした。しかも光州流血事件の負い目もある。全斗煥は私人としては親分肌で面倒見がよく、気前よくカネを散じるなど長所があった。それで人が集まった。

しかし公人として、大統領としてはビジョンに欠ける。朴正熙《パクジュンヒ》の開発独裁のエピゴーネンにすぎなかった。嶺南軍閥の二代目として、朴大統領暗殺の報復を理由に粛軍クーデタを決行、権力をにぎった。

彼は歴史の歯車を逆回転させたといわれる。だが逆回転させたのではない。歯車回転の惰性を止めなかったのだ。彼の政治運営は韓国の民主化進展を遅らせた。だが阻止はできなかった。全斗煥は在任中、統治資金を集め、財閥と公然と癒着して政権の道徳性を毀損した。その悪しき伝統は次の政権にも引き継がれた。

だが韓国人の間では私人全斗煥の評価は案に相違して悪くはない。歴史の評価と現世の人気は異なる。とくに後任の盧泰愚にくらべ、気前がよい、面倒見がよい、親分肌などと評価する声がある。それは公私混同を美徳と錯覚する東洋的発想に因む。日本における田中角栄の人気と相通じるものだ。

第6章

盧泰愚

1932.12. 4生—
第13代 1988. 2.25—1993. 2.24

盧泰愚大統領（提供・共同通信社）

(1) 普通の人（ボトムサラム）

もっとも評価されない大統領

第六代大統領盧泰愚《ノテウ》はソフト・スマイルの「普通の人（ボトムサラム）」と名乗り颯爽《さっそう》と登場した。こわもての前任者と対照的なスタイルは韓国人に新鮮なイメージで映った。

盧泰愚は軍閥政権がシビリアン（文民）政権に移行する過渡期におけるショックアブゾーバー、衝撃緩和役となり、クッションの役割を充分果たした。その点、彼のマイルドなイメージはうってつけの適役だ。

盧泰愚は市民の間で高まる民主化要求に直面して、八七年六月二十九日、大統領直接選挙制採択などの民主化を宣言、中央突破に成功した。一六年ぶりに実施された大統領直接選挙で政府統制下にあったメディアは全力をあげ盧泰愚候補をバックアップした。

大統領直接選挙は莫大な選挙資金がつぎ込まれる金権選挙になった。以後これが大統領選挙のパターンになる。選挙資金調達にまつわる原罪が政権の手かせ足かせになった。

盧泰愚は大統領就任後、全斗煥《ジュンドファン》を山寺に蟄居させ、光州《クアンジュ》民主化闘争の責任追及、全斗煥政権の非理不正断罪等々、いわゆる「五共《オーゴン》非理清算」を断行した。五共とは第五共和国のことだ。

五共清算について野党は、不徹底で生ぬるいと不満だった。だが韓国人はいちおう納得した。盧泰愚はこれで次期政権で予想される報復の恐れを断ち切った。シビリアン政権が出現する前、新軍部政権時代のアク抜きをしたのだ。

盧泰愚はなし崩しに民主化措置を進めて、事実上、シビリアン政権が発足する前に民主主義ルールをほぼ定着させた。五共清算後、与党民正党は民主党（党首金泳三《キムヨンサム》）と共和党（党首金《キム》鍾泌《ジョンピル》）を抱き込み、三党で保守合同した。これで盧泰愚は保守勢力を結集、院内多数の安定線を確保した。だが三党合同は理念も節操もない党利党略による野合だ。しかも金泳三は嶺南《ヨンナム》、金鍾泌は忠清道《チュンチョンド》を支持地盤とする。金大中《キムデジュン》を支持する湖南《ホナム》勢力と非湖南勢力の対立は三党合同で激化した。

盧泰愚は三党合同で議院内閣制改憲を構想したが、金泳三の反発で霧散した。後継者選択でも曖昧な立場で終始して、朴泰俊《パクテジュン》と金泳三を両天秤にかけた。だが金泳三に押し切られ、朴泰俊を見捨てた。このように、いろいろな面で盧泰愚はダブル・プレイヤーとの非難を浴びている。反面、盧泰愚政権の業績は外交分野で断然光っている。オリンピック開催で全世界にコリアをイメージアップさせた。全方位外交を展開してソ連、中国と国交を樹立、国連に北朝鮮と同時加盟した。とはいえ彼の北方政策をカネで買った拙速外交と酷評するむきもなくはない。

盧泰愚は在任中も金銭がらみのスキャンダルがあったが、退任後、巨額の不正蓄財があばかれ、断罪された。この一件で盧泰愚は民主化や北方政策の功績にもかかわらず、韓国でもっとも評価されない大統領に転落した。

生い立ち

軍人、また大統領として盧泰愚は前任者全斗煥とよくペアで比較される。二人は陸士一一期同期生で、ともに大邱《テグ》出身、嶺南軍閥の嫡流だ。同じように貧しい家庭環境で育った。盧泰愚は七歳のとき父親を亡くし、親戚の援助で大邱工業高校に入学したが、四年生のとき、慶北高校に転校した。慶北高校転校がその後の彼の経歴に大きな意味をもつ。朴正熙《パクジョンヒ》時代、覇権を握った嶺南軍閥主流は慶北高校同窓生が占めていたからだ。大邱、慶北のイニシャルをとったいわゆるTK人脈である。

盧泰愚は朝鮮戦争がはじまると軍隊に入り、下士官のとき陸士を受験、一一期生として入学した。陸士では工業高校同窓の全斗煥と親交を深めた。盧泰愚は同期だが一歳年上の全斗煥に兄事した。

任官後、情報畑からスタートして、空輸特戦旅団長、大統領警護室作戦次長補、第九師団長などを歴任した。彼もハナフェ一員として朴大統領から目をかけられたうちの一人だ。盧は陸軍参謀総長副官、大統領警護室作戦次長補、保安司令官などのポストで全斗煥の後任になった。

全斗煥が12・12粛軍クーデタを計画したとき、盧泰愚少将はソウル郊外に駐屯する第九師団の師団長だった。盧泰愚少将は麾下の第九〇連隊を動員、国防部を制圧した。その功績で一躍新軍部のナンバーツーに浮上した。その直後、首都警備司令官に就任、全斗煥の大統領就任後、その跡をおそって保安司令官のポストを占めた。

全斗煥は当初から政権の平和的交代を宣言した。国民は半信半疑であるものの、次期政権継承者にたいし多大な好奇心を燃やした。盧泰愚は八一年に大将で退役、ただちに政務第二長官に任命され、八二年にソウル・オリンピックに備えて新設された体育部の初代長官、次に内務部長官に就任して、政治現場を順調にこなした。八三年にソウル・オリンピック組織委員長に就任して国際的人脈もひろげた。八五年与党民正党代表委員になり、同年総選挙で全国区比例代表として国会入りした。ここで次期大統領候補としての修業を総仕上げした。

盧泰愚と全斗煥

盧泰愚の躍進は全斗煥との結びつきが決定的に作用した。二人は同期生だが形影相伴う仲で、たいていのばあい全斗煥が指導的役割を果たし、盧泰愚は支持して従う役目だった。

韓国人は盧泰愚と全斗煥をこうくらべる。「全斗煥は白か黒かで状況を判断するとても単純な男で、彼の指導力の秘密は断固たる自己主張にある。盧泰愚は周囲と状況を見て動く男で、その成功の秘訣は計算高さと注意深さだ」。外国人も同様だ。「全斗煥は決断力にとみ、力強くて野心的だった。盧泰愚は和解的で柔軟性にとみ、公然と野心をのぞかせるタイプではなかった」と『二つのコリア』を著述したドン・オーバードーファは描写している。

陸士同期の間で二人についてこんなジョークもあった。「全斗煥も盧泰愚も先輩将軍のところにまめに顔を出す。だが、全斗煥は先輩からカネをせびってくる。盧泰愚はゴマをすってくる」と。

盧泰愚は外見は温和なタイプだが、外柔内剛型だ。ソフトタッチだが芯はつよい。それで偽善とか、ダブル・プレイヤーとの批判を浴びた。全斗煥は後継者選びに悩んだ。政権内では穏健派と強硬派が対立していた。盧泰愚は穏健派と見られたが、全斗煥の意に逆らうような言動は一切慎んだ。全斗煥はけっきょく最大の発言権をもつTK人脈が後押しした盧泰愚を次期大統領候補に選んだ。だが後でその決定を悔いることになる。彼は後年、「同期生を後継者にするものではない」との悔恨を漏らした。しかしこれは権力を私物化しようとした報いだ。

八七年六月七日、盧泰愚が与党民正党の大統領候補に指名された直後、大統領直接選挙を要求する大々的な民主化デモがおきた。盧泰愚は六月二十九日、大統領直接選挙を受け入れる「民主化宣言」を発表、一か八かの勝負に出た。この民主化宣言で盧泰愚の人気は急騰した。しかも民主化宣言は全斗煥大統領の反対を押し切った盧泰愚の苦渋に満ちた決断だと内外に宣伝した。全斗煥を悪役に仕立て、盧泰愚をヒーローに担ぎスポットライトを当てる苦肉の策だ。この賭けは慎重細心な検討のすえ、両者が合意したものだ。

民主化宣言は金大中の赦免と復権、言論の自由化、地方自治制実施などを含む。ねらいは金大中の赦免・復権にある。金大中は復権すれば、かならず大統領選挙に出馬する。野党候補は一本化できない。野党支持票は分散する。与党候補がぜったい勝てると読んだ。

賭けは的中した。後年、五共非理清算にさいし、民主化宣言の内幕について全斗煥側は民主化宣言のシナリオはすべて全斗煥の作品であり、盧泰愚は当初大統領直接選挙に反対した。渋る盧泰愚を説得して、選挙に勝つため、あえて全斗煥が悪役になったとぶちまけた。だがごまめの歯ぎしりだった。

(2)　第六共和国

大統領選挙

盧泰愚《ノテウ》民正党代表の民主化宣言をうけて、与野党は憲法改正に着手した。政府樹立以来九回目になるこの改憲は大統領直接選挙制、一期限り単任制の大統領任期七年を五年に短縮、大統領の国会解散権、国家非常事態宣布権の廃止、言論、集会の自由を憲法で明文化、国会の行政府にたいする国政監査を復活するほか、九一年に地方議会を構成、三〇年ぶりの地方自治制復活を内容とするものだ。改憲案は十月二十七日、国民投票で確定、二十九日公布された。この憲法により第五共和国は終焉、第六共和国が発足することになる。

6・29宣言により触発された民主化の動きは政治、経済、社会、文化などあらゆる分野に拡散した。なによりも労働争議が激化した。強権統治のもとで抑圧されていた労働運動が堰を切ったように噴出した。八七年六月までの半年間におきた労働争議は一二四件だったが、六月二十九日を境に下期に三六二五件と激増した。翌八八年は一八七三件、八九年は一六一六件で件数は減ったが、争議内容はより過激化した。賃金は年間平均一七％も毎年連続して引き上げられた。これが韓国の輸出競争力を低下させ、貿易赤字を拡大させた。だが市民の購買力は増加、消費景気を押し上げた。これも与党候補にとって追い風になった。

言論も自由になった。従来許可制だった新聞雑誌など定期刊行物発行も自由になった。『ハンギュレ新聞』などの反体制色の強い新聞も生まれた。だが大手新聞は歴代政権と持ちつ持たれつの関係だった。政権は新聞を統制したが、新聞も寡占のうま味を満喫した。テレビは公営で完全に政府のコントロール下にあった。メディアは自分の利害によって大統領選挙を報道した。これは与党寄り報道になる。

しかも民主化による行きすぎた自由は社会の混乱と不安定を加速した。市民は急激な変化より漸進的変化と安定を望む。これが大統領選挙で与党候補の得票につながった。八七年十二月十六日に一六年ぶりに国民が直接選ぶ大統領選挙が実施された。与党の読みどおり野党候補は三人が乱立、お互いにつぶし合った。盧泰愚候補は八二八万票（三七％）を得票、金泳三《キムヨンサム》の六三三万票（二八％）、金大中《キムデジュン》の六一一万票（二七％）、金鍾泌《キムジョンピル》の一八二万票（八％）を抑え、当選が決まった。もし金泳三、金大中が候補一本化に踏み切っていたら野党候補が当選したはずだ。もっとも野党候補が一本化しても、湖南（金大中）、非湖南（金泳三）勢力は融和できず、票は分散して、盧泰愚が当選したとの見方もある。

ともかく大統領選挙の動向を決めたのは莫大な選挙資金のばらまきだった。全斗煥《ジユンドフアン》大統領は盧泰愚候補に選挙資金一九七〇億ウォン（約二億四五〇〇万ドル）を手渡した。ほかにも与党候補は財界から莫大な資金を調達した。盧泰愚は選挙運動で全大統領と距離をおき、差別化する戦略をとった。自分を「普通の人」と強調して軍人カラーを薄めるのに大わらわだった。全斗煥は不快だが、黙認せざるをえなかった。

五共清算と三党合同

当選後、二人の力関係は逆転した。従来、唯々諾々、全斗煥に追従した盧泰愚は豹変、独自行動をとる。国民により選挙で選ばれた自分は、お手盛りの間接選挙でなれた大統領とは違うという自信だ。

手はじめに全斗煥が法定議長を務める元老クラスの国政諮問会議を世論を動員して有名無実にして骨抜きにした。前任者の容喙を嫌ってのことだ。

前任者が内定した与党公認候補を嫌って、入れ替えた。選挙法も改定、従来の中選挙区（定員二人）を小選挙区に変えた。これは公認漏れの与党候補の乱立を防止するためだ。だが八八年四月、総選挙で与党は惨敗した。定員二九九人のうち与党民正党は一二五人で、過半数一五〇人をはるかに下回った。野党の平民党（党首金大中）は七〇人、民主党（党首金泳三）は五九人、共和党（党首金鍾泌）三五人、その他一〇人だ。韓国では大統領の強大な権力を牽制するため、国会議員選挙では野党議員を多数当選させる、バランス感覚がある。その均衡感覚が作用した。それればかりではない。惨敗を招いた原因は小選挙区にある。中選挙区なら与党候補は最低一人は当選できた。与党少数国会で盧泰愚大統領は政局主導権を奪われた。

国会は光州《クアンジュ》流血事件の責任と第五共和国の不正非理を追及した。盧泰愚政権は光州事件にたいしては「光州市民と学生による民主化闘争」であると評価して公式謝罪した。五共《オーゴン》非理にたいしては五共非理特別捜査部が全大統領親族や財閥オーナーなど四七人を逮捕、二九人を在宅起訴するなど司法処理した。その過程で全斗煥が政権当時の過誤を謝罪、財産一三九億ウォンの国家献納を声明して、山寺に蟄居した。八九年十二月、前大統領が国会に出席して、証言台に立たされ、さらし者にされ、野党からきびしく糾弾された。これは一種の手打ち式だった。これを最後に一年六ヵ月つづいた五共清算は与野党合意によりケリがついた。

年を越した九〇年一月に民正、民主、共和の三党が合同、民主自由党を結成した。保守大合同である。盧泰愚大統領は新党民自党のなかで旧民正党を代表、管理する代表最高委員に朴泰《パクテ》俊《ジュン》（浦項《ポハン》総合製鉄名誉会長）を任命した。三党合同にさいし盧泰愚、金泳三、金鍾泌三人は議院内閣制移行の覚書に署名した。

だが合同後、金泳三は議院内閣制を拒否、野党の金大中と提携する動きを見せ、牽制した。盧泰愚は三党合同で金泳三を取り込み、政局の主導権をにぎろうとした。だが政治の修羅場で長年鍛えられた金泳三に逆に鼻面を引き回され、イニシアティブを奪われた。しかも与党内でも、次期大統領候補は長年民主化闘争を闘ってきた金泳三を担ぐべきだとの意見が大勢を占めた。いわゆる大勢論だ。けっきょく三党合同で盧泰愚は庇《ひさし》を貸して母屋をとられた格好になってしまった。

政経癒着の深化

国民の民主化の欲求は経済分野にも拡散した。八七年民主化宣言以降、労使紛争も急増した。また財閥にたいする批判も激化した。財閥への経済力集中を規制せよとの要求も高まった。盧泰愚大統領はこれらの要求に応えて財閥規制と経済力集中緩和のため大規模企業集団指定と系列企業にたいする出資、相互保証規制、与信管理制度の強化、企業の非業務用不動産売却など矢継ぎ早に対策を打ち出した。

　だが政権の性格からして、とられた措置は対症療法にすぎず、根本的な構造改革は不可能だった。経済力集中規制も所有集中にたいする規制は棚上げしたままで実効を収めることができず、むしろ政経癒着を深めた。八〇年代後半、バブル景気で不動産価格が暴騰した。政府は八九年、土地公概念政策を進め、宅地所有上限制、開発負担金制、土地超過利得税など土地私有権を制限する立法措置をとった。だがこの政策も抵抗勢力により、なし崩しに骨抜きにされた。過熱した不動産投機を冷やすため、政府が進めた住宅二六五万戸建設もインフレをあおり、水《ス》西《ス》宅地特恵分譲事件などのスキャンダルを生んだ。

　政府は九一年からの金融実名制を公約した。だが九〇年の三党合同以後、金融実名制は既得権グループの反対で実施が無期限に延期された。

　なによりも八七年大統領選挙で政権は財閥から資金支援をうけた。政経癒着は深化した。財閥の発言力はますます高まった。九二年大統領選挙に現代《ヒュンダイ》グループ・オーナーの鄭周永《チョンジュヨン》が立候補した。それればかりではない。途中で翻意したが、大宇《テウ》グループ・オーナーの金宇中《キムウジュン》も出馬する野心を固めていた。盧泰愚大統領本人も姻戚関係にあるＳＫグループの移動通信事業に特恵を与えたといわれ非難を浴びた。八五年以後、株価は右肩上がりに上がり続けた。平均株価指数は八五年の一三八から八九年四月に一〇〇七まで暴騰した。だがそれがピークで、その後ずるずる下がりはじめた。盧政権は株価を支えるため投資信託などを動員したが、失敗した。これが後日韓国証券市場を揺るがすこととなる。国際収支黒字も九〇年を境にふたたび赤字に転落した。韓国は八〇年代の国際収支黒字管理に失敗した。

全方位外交

盧泰愚大統領は、外交分野で経済力をバックに全方位外交を展開して華々しい成果をあげた。当時は冷戦末期だ。社会主義国家がなだれをうったように崩壊した時期だ。

八八年のソウル・オリンピックは世界を瞠目させた。盧泰愚大統領はオリンピック大会直前の七月七日、「民族自尊と統一繁栄のための特別宣言」を発表した。この宣言は北との敵対、対決関係を清算して、北と西側諸国の関係改善を積極的に支援するとともに、韓国も中国、ソ連など共産圏国家と関係正常化を進めるというものだ。これは韓国が冷戦体制から脱却する意志を表明したもので、南北関係の一大転換だ。

成果は即座に現れた。ハンガリーと韓国はソウル・オリンピックの直前、国交樹立を公表した。韓国はハンガリーに借款六億二五〇〇万ドルを供与した。つづいて東欧各国もぞくぞくと韓国と国交を樹立した。九〇年六月、盧泰愚はゴルバチョフとサンフランシスコで会談した。これで事実上ソ連は韓国を認めたことになる。当時、ソ連経済は崩壊中だった。ゴルバチョフはカネさえくれればだれとでも会った。韓国とソ連は九〇年九月三十日、国交樹立を公表した。盧泰愚は同年十二月、ソ連を訪問、熱烈な歓迎をうけた。だがタダではない。韓国はバンク・ローン一〇億ドル、消費財一五億ドル、施設材五億ドルなど総額三〇億ドルの対ソ借款供与を決めた。北朝鮮はソ連の韓国接近をはげしく非難して「ドルで売買された外交関係」と罵倒した。

ゴルバチョフは九一年四月、日本訪問の帰路、済州道《チェジュド》に立ち寄って盧泰愚と頂上会談をもった。このさい盧泰愚はゴルバチョフに米ドル札一〇万ドルを内緒で渡した。カネは名目上チェルノブイリの犠牲者のためとされた。ゴルバチョフはこのカネを児童病院に回すようにという文書を作成させたという。

九一年九月十七日、国連に韓国と北朝鮮は同時加盟した。北朝鮮は国連加盟に消極的だった。国連に加盟すれば情報公開義務などが発生する。だがかつて韓国単独での国連加盟に拒否権を発動したソ連、中国は今回拒否権を行使しないことに決めた。韓国の単独加盟を認めることはできない。北朝鮮はやむをえず国連に同時加盟した。

九二年八月、韓国は中国と国交を正常化した。これで韓国は朝鮮半島をとりまく四強すべての国家と外交関係を正常化した。盧泰愚大統領は九月に中国を公式訪問した。任期最後の成果だ。もっとも中国との国交樹立で台湾断交という代価を払った。

南北関係も改善された。九一年四月、千葉県幕張で開かれた世界卓球選手権大会に南北統一チーム「コリア」が参加するなど和解ムードが形成された。南北の直接対話も進展して、同年十二月、南北総理が会同した南北高位会談で南北基本合意書と非核化共同宣言が採択された。

北朝鮮も孤立から脱却するため日本に接近した。九〇年九月、金丸信元副総理と田辺誠社会党副委員長を団長とする日本使節団が平壌《ピョンヤン》を訪問して植民地支配の補償金問題を討議したが、それ以上日朝関係は進展しなかった。

盧泰愚大統領がイニシアティブをとった全方位外交は冷戦終焉とタイミングが一致したので成功した。軍人出身の大統領だったので、全方位外交が容共左傾の批判を招かなかったとの見方もある。だがカネに頼ったダーティ外交だったとの批判もある。対ソ借款三〇億ドルは焦げ付いてしまった。冷戦終焉は軍閥の弔鐘になった。冷戦が終われば軍閥も存在理由をなくす。盧泰愚大統領は嶺南《ヨンナム》軍閥の幕引き役だった。

(3)　軍閥の終焉

金泳三との暗闘

盧泰愚《ノテウ》大統領は外交分野で華麗な成功を収めたが、国内の政局運営は試行錯誤と失敗の連続だった。八八年四月、総選挙で与党は敗北、野党多数の国会になり、大統領は政局主導権を奪われた。

九〇年保守三党合同で新党民自党を立ち上げ、局面転換に成功した。だが新党に合流した少数派リーダー金泳三《キムヨンサム》の老練な駆け引きに翻弄されっぱなしだった。盧泰愚が軍服をぬいで政界入りしたのは大統領に就任するわずか三年前の八五年だ。三〇年間独裁政権のもとで弾圧されても生き残った海千山千の党人政治家には太刀打ちできない。

三党合同のさい、金泳三、金鍾泌《キムジョンピル》と議院内閣制移行に合意した。だが金泳三は後になってこれを拒否した。新党は旧民正党系と金泳三系の確執が絶えなかった。金泳三は意見対立のたび脱党と金大中《キムデジュン》との提携を仄めかす捨て身の賭けで主張を貫徹した。盧泰愚と金泳三の暗闘は、その後もつづいた。だがそのたび盧泰愚は譲歩した。このばあい盧泰愚の温和な性格は優柔不断となりマイナスになった。しかも金泳三には民主化闘争経歴の強みがある。盧泰愚は後継者として朴泰俊《パクテジュン》（民自党代表最高委員）、盧在鳳《ノジエボン》（総理）などを念頭においた。朴泰俊は浦項《ポハン》総合製鉄成功神話の主人公だ。彼は次期大統領に立候補する意欲が満々だった。私的な大統領選挙企画団まで発足させた。

九二年十二月に予定された次期大統領選挙をひかえ大統領と金泳三は対決した。金泳三は九二年三月の総選挙前に、大統領候補を決めるべきだと要求した。だが次期候補を決めたとたん、大統領はレームダック（政権末期に求心力が落ちること）になる。盧泰愚はそれを拒否して、総選挙の与党候補公認も一人で行った。だが総選挙で与党は一四九人で過半数（一五〇人）を割った。野党民主党（党首金大中）は議席を三〇議席以上も伸ばして九七人が当選、野党第一党として地位を固めた。総選挙の結果、盧泰愚のレームダック化が加速した。もし与党が大勝していたら議院内閣制改憲論が蘇生した。だがその目はなくなった。しかも野党民主党が議席を伸ばした。金大中は次期大統領候補として復活した。これで金泳三の立場が強化された。与党で金大中に匹敵する候補は金泳三しかいない。ここで金泳三擁立論が固まった。五月の全党大会で金泳三が大統領候補に選ばれた。大統領も既定事実を受けいれた。だが内心不満だった。

九二年大統領選挙

金泳三は次期大統領候補に選出されると公然と盧泰愚大統領を批判した。盧泰愚政権で進めた移動通信プロジェクト決定も延期した。移動通信プロジェクトの落札者は鮮京《スンギュン》財閥（その後SKグループに改称）が有力だった。だが鮮京オーナーは盧と姻戚関係にある。特恵疑惑がもたれていた。

九月十八日、官権介入と選挙の公正を保障するとして中立的選挙管理内閣を発足させ、自分も与党民自党名誉総裁職を辞任、党籍離脱を宣言した。盧泰愚と金泳三の暗闘で犠牲になったのが朴泰俊最高委員だ。大統領の言質をえて出馬準備をした朴泰俊は最後になって大統領からうっちゃりをくった。それで金泳三とも不和になった。金泳三政権になって、迫害され海外亡命することになる。

九二年十二月十八日、大統領選挙は金泳三、金大中両者の宿命の対決になった。だが現代《ヒュンダイ》財閥オーナー鄭周永《チョンジュユン》が飛び入りするハプニングがおきた。鄭周永が政界入りを決意したのは盧泰愚大統領との確執が発端だ。鄭周永は歴代政権と密着して韓国最大の財閥、現代グループを築いた。だが盧政権としっくりしなかった。九一年、政府は現代グループに相続、贈与税一一二六〇億ウォンを追徴課税した。鄭周永は「歴代政権に毎年数百億ウォン献金した。盧大統領にも毎回三〇〇億ウォン献金した」とぶちまけ、政界に転身すると爆弾宣言した。鄭は新党国民党を結成して、九二年総選挙で三一人を当選させ、旋風をまきおこした。余勢を駆って大統領選挙に立候補、三九〇万票を得票、三位につけた。この大統領選挙で金泳三は九九七万票で当選、金大中は八〇四万票で次点だった。大統領選挙に大宇《テウ》グループ・オーナー金宇中《キムウジュン》も出馬しようとしたが、時期尚早との判断で取りやめた。鄭周永の出馬や金宇中の野望は財界がいまや政権の座を窺うほどパワーをもったことを示す。

九二年大統領選挙も前回に劣らぬ金権選挙になった。だが大口スポンサーだった現代グループが独自出馬した。与党は選挙資金調達で苦しんだ。盧泰愚大統領は資金支援を惜しんだ。これが崇《たた》って三年後に不正蓄財を追及された。与党は韓宝《ハンポ》鉄鋼グループ（オーナー鄭泰守《チョンテス》）から選挙資金を引き出した。これが韓宝鉄鋼と金泳三政権癒着のきっかけで、九七年経済危機の遠因であり導火線になった。

どんでん返し

九三年二月二十四日、盧泰愚は大統領ポストを退任、平穏な市民生活にもどった。前任者全斗煥《ジュンドファン》とは異なり、北方政策の成功で歴史に名を残す大統領になったと思われた。だが二年後、どんでん返しがおきた。盧泰愚政権の財閥との癒着は全斗煥政権時代に勝るとも劣らなかった。盧政権での権力絡みの疑獄の代表例はソウル郊外水西《スス》地域の宅地分譲事件だ。水西宅地を韓宝住宅に不法払い下げしたのが発覚、ソウル市長は解任、大統領秘書官、国会議員四人などが収監された。水西事件に関連して盧大統領が韓宝オーナーから一五〇億ウォンの献金をもらったことが判明したのは後日のことだ。

盧大統領退任後、九三年八月、金融実名制が実施された。これは銀行預金の架空名義や第三者名義の口座の利用を禁止するもので、違法取引を規制するねらいだ。金融実名制で秘密預金がぞくぞくあぶり出された。

九五年十月、盧前大統領の秘密預金三〇〇〇億ウォンが明るみにでた。前大統領はテレビを通じて、在任五年間に五〇〇〇億ウォン（六億二五〇〇万ドル）の政治資金を集め、残額は一七〇〇億ウォン（二億一二〇〇万ドル）であると告白して謝罪した。検察は十一月十六日、盧前大統領を収賄容疑で逮捕した。検察は全斗煥元大統領にも捜査の手を伸ばしたが、全斗煥は捜査に応じるのを拒否した。検察によれば全斗煥の秘密政治資金は九五〇〇億ウォン（一二億ドル）で、退任のさい二一二〇億ウォン（二億六五〇〇万ドル）を残していた。盧泰愚の告白直後、金大中は九二年大統領選挙で盧泰愚大統領から二〇億ウォン（二五〇万ドル）をひそかに受け取ったと告白した。この告白は現大統領金泳三にどれほど巨額の資金が流れたかという疑惑を生んだ。金泳三はただちに個人的に資金を受け取っていないと否定したが、党の選挙資金に盧泰愚からの資金が流れた可能性については否定しなかった。

金泳三政権は二人を裁くため遡及特別法まで制定した。九六年八月、ソウル地裁は全斗煥に死刑、盧泰愚に懲役二二年六ヵ月の判決を下し、不正蓄財没収を宣告した。控訴審判決で死刑は無期に、懲役二二年六ヵ月は一七年に減刑され、翌年の大法院では上告棄却、刑が確定した。九七年大統領選挙が終わったのち、金泳三大統領は二人を特赦で釈放した。だが盧泰愚の信望は地に落ちた。普通の人（ボトムサラム）との謙遜は偽善、ソフト・スマイルはダブル・プレイヤーの仮面だったのかと、韓国人は失望した。華々しい北方外交の成果は帳消しになった。

軍人として全斗煥と盧泰愚は優秀だったかもしれない。だが国政の最高リーダーとしての資質には疑問がもたれている。在任中、統治資金と称して政治献金を強要した。平和的政権交代をしたものの、退任後にそなえ不正蓄財した。それが慣行だったと弁明した。その行状は清朝末期、袁世凱《えんせいがい》（一八五九—一九一六）の北洋軍閥の領袖そっくりだ。だが嶺南軍閥と北洋軍閥とは根本的に違う。嶺南軍閥は開発独裁により、図らずして韓国の民主化の経済的基盤を築いた。北洋軍閥は中国を分裂させただけだ。全、盧両政権の歴史的役割は朴正熙《パクジョンヒ》政権の開発独裁システムを民主化社会にソフトランディングさせたことにあるといえよう。韓国では「朴正熙が炊いたご飯を、全斗煥が食い散らし、盧泰愚がその後片付けをした」といわれる。

第7章

金泳三

1927.12.20生―
第14代 1993. 2.25―1998. 2.24

金泳三大統領（提供・共同通信社）

(1) 文民政府の功罪

楽天的な党人政治家

金泳三《キムヨンサム》は長年軍事政権と闘った政党人出身の大統領だ。彼は軍人政権時代に終止符をうつシビリアン（文民）出身として、三二年ぶりに大統領に選ばれた。厳密にいえば七九年から九ヵ月間、外交官出身の崔圭夏《チエギユハ》が大統領だったが、崔圭夏は名目だけの大統領で新軍部勢力が韓国を実質支配した。金泳三はみずから文民政府と自負して「歴史の立て直し」（ヨッサバロセウギ）を呼号した。

金泳三は朴正熙《パクジユンヒ》、全斗煥《ジユンドフアン》政権のもとで野党として金大中《キムデジユン》とともに民主主義をかかげ、反独裁闘争をつづけたが、盧《ノ》泰《テ》愚《ウ》政権になって保守合同の名分をかかげ、三党合同で与党入りした。変節を非難する声にたいし「虎穴に入らずんば虎児を得ず」と弁明して、権力への執念を見せつけた。与党内での激烈な覇権争いのすえ、大統領候補に指名され、当選した。

大統領になってクリーン政治を標榜して「財界から政治資金をびた一文もらわない」と宣言した。それで公職者資産公開と登録、金融実名制、選挙法改正などガラス張りの改革を矢継ぎ早に断行して、資産を不正申告した公職者を容赦なく解任した。

経済分野でも三二年間つづいた経済開発五ヵ年計画体制を廃棄して、規制を大幅緩和した。また、軍部に大ナタをふるった。新軍部の残党で、軍部で強力な派閥を形成していたハナフェ（一心会）を粛清した。これで嶺南《ヨンナム》軍閥はとどめをさされた。さらに、元・前大統領の秘密預金を摘発して二人を断罪した。韓国は九六年十月、ＯＥＣＤ（経済協力開発機構）に加盟した。大統領は先進国の仲間入りをしたと胸を張った。だが世界化をめざした韓国経済はつまずいた。任期末には、韓宝《ハンポ》鉄鋼不渡りなど大型倒産が続出、韓国は国際流動性不足におちいり、デフォルト（対外債務不履行）危機に立たされ、あげくのはてＩＭＦ（国際通貨基金）管理のもとにおかれた。経済破綻《はたん》のせいで、与党候補は大統領選挙に敗北、史上はじめて選挙により与野党間で政権が交代した。

金泳三は民主化闘争の輝かしい経歴にもかかわらず「失敗した大統領」の烙印《らくいん》をおされた。野党リーダーとしては果敢な決断、猪突猛進で光ったが、行政家、大統領としては能力資質に疑問を呈する向きが多い。

彼は史上最年少、二十六歳で国会議員に当選した。その後一貫して政界で活躍した生粋の党人だ。官僚や企業など、組織のなかで働いたことがない。軍人大統領は軍隊という集団組織のなかで育ち、組織を動かすノウハウをいちおう体得していた。金泳三にはそれが欠けた。大統領になっても官僚などの公的組織より前近代的な家臣グループなどの私的つながりに依存した。

金泳三は金銭面で淡泊だった。カネにまつわる個人的スキャンダルはない。だが家族、秘書がカネに絡んだ非理事件に連座した。

金泳三は政治的勘が鋭かった。しかし論理的分析に弱く詰めが甘い。大統領は長官の報告が長いとすぐ飽きて、報告を切り上げるよう催促したと関係者は証言する。金泳三はソウル大学哲学科出身だ。彼はソウル大学卒業生ではじめての大統領だと誇った。政界入り後もっぱら耳学問で知識を吸収した。ライバル金大中は木浦《モッポ》商業学校卒だが旺盛な知識欲をもち、数多《あまた》の著作を公刊した。「金泳三が読んだ本と、金大中が書いた本と数が同じぐらい」というジョークも流布した。

金泳三の座右銘は「大道無門」だ。広く大きな道は往来を遮る門がない。正しい道へ向かう者はだれも阻めないという信念だ。迫害と挫折の連続だった金大中と対照的に金泳三はのびのび育ち、楽天的で陽気だ。それで人が集まった。彼を大統領に押し上げた原動力だ。

二十六歳、最年少国会議員

金泳三は釜山《プサン》の南、巨済島《コジェド》で裕福な網元の一人息子として生まれた。釜山の慶南中学を卒業、四七年にソウル大学哲学科に入学した。朝鮮戦争中、張澤相《チャンテクサン》外務長官秘書となり、五二年、張澤相が国務総理に就任すると総理秘書官を務めた。五四年五月の総選挙で与党自由党の公認で当選した。新聞は二十六歳最年少議員の誕生を大きく報じた。だが同年十一月の四捨五入改憲に反対して与党を飛び出し、野党民主党に移った。

五八年五月の総選挙で選挙区を巨済島から釜山西区に移したが、はげしい官権干渉で落選した。二年雌伏し、六〇年七月、李承晩《イスンマン》下野後の総選挙で国会に復帰した。民主党は政権をにぎったとたん旧派（尹潽善《ユンボスン》大統領）、新派（張勉《チャンミュン》総理）に分裂した。金泳三は旧派、金大中は新派だ。

六〇年九月、共産ゲリラの強盗が生家に押し入り、母親が射殺される事件がおきた。金泳三は骨の髄まで反共主義者になった。

六一年五月、軍事クーデタで国会は解散され、六三年に政治活動規制が解除されるまで金泳三は無念の日々を送った。軍事クーデタを「聖書を読むためにろうそくを盗む行為は正当化できない。不正腐敗を一掃し、飢餓線上にある民生苦を解決するという目的のため、武力で合憲的政権を打倒、軍事政権を樹立した違憲、不法な過程はぜったい正当化できない」と、金泳三は断定する。

六三年総選挙で国会にカムバックした後、野党スポークスマン、院内総務など政治的経歴を着々と積み上げた。

朴大統領は六九年、三選禁止憲法を改定、七一年の次期大統領選挙出馬を決めた。金泳三はこれに対抗して「次期大統領選挙の野党候補は年若く、力強い四十代旗手が立たなければならない」と四十代旗手論を主張、大きな反響をまきおこした。だが七〇年九月、新民党の大統領候補指名大会の決選投票で野党候補に選ばれたのは金大中だった。金大中が野党候補に選出されたウラに中央情報部が一枚嚙んだとの説もある。朴正熙は同じ慶尚道《キョンサンド》を地盤にする金泳三が野党候補になれば、慶尚道の票が割れる。全羅道《チョルラド》出身の金大中なら慶尚道の票をぜんぶとれるとの思惑だ。七一年大統領選挙で金大中は朴正熙を追い上げたが、九五万票の差で敗れた。この大統領選挙で地域対立感情があおられ、悪用された。その後選挙のたび、地域対立がくりかえされた。七〇年を起点に金泳三、金大中は宿命のライバルになった。その後三〇年間、韓国政治の節目ごとに二人は激突する。

維新独裁闘争

七二年十月、朴正熙政権は電撃的に非常戒厳令を布告、国会を解散、維新独裁体制に移行した。

このとき金泳三はワシントン、金大中は東京にいた。両者がとった行動は対照的だ。

金泳三はただちに帰国、自宅に軟禁された。金大中は海外で反独裁闘争を展開した。金大中は翌年八月、中央情報部員により東京のホテル・グランドパレスから拉致され、ソウルに連れ戻された。野党新民党（党首柳珍山《ユジンサン》）は穏健路線に転換して朴政権と妥協した。金泳三は新民党副総裁だが主流から外された。

だが維新独裁体制にたいする国民の不満は高まるいっぽうだ。新民党は七四年、党首柳珍山の死後、金泳三を党総裁に選出した。四十六歳の野党党首である。金泳三は朴政権との対決に踏み切った。朴政権は緊急措置を次々発動して民主化運動を弾圧した。

七五年五月、金泳三は朴大統領と単独で二時間会談した。会談内容は公表されなかった。だが朴大統領は夫人まで凶弾で失った権力者の孤独を語り、涙を流しながら、協力を求めたといわれる。以後、金泳三の強硬路線は一時軟化した。両者の間に密約があったという疑惑もささやかれたほどだ。

七六年の新民党総裁選挙で金泳三は総裁ポストを妥協路線派李哲承《イチョルスン》に奪われた。李哲承は与野党協調路線を推し進めた。七八年総選挙で与党共和党は六八人、野党新民党は六一人の議員が当選した。当選者数で与党が上回ったが、得票率は新民党三二・二%、共和党三一・七%と野党得票率が与党を上回った。朴政権は危機感を覚えた。

七九年五月、党大会で金泳三は総裁に再度立候補した。このとき政治活動を禁止されていた金大中が金泳三を側面支援した。おかげで金泳三は当選した。党首にカムバックした金泳三は真っ向から朴正煕の維新独裁に闘いを挑んだ。

朴政権は金泳三を政界から排除する計画を進めた。ソウル地方法院は反金泳三派が提起した党代表最高委員職務権限執行停止の仮処分申請を認めた。

国会は『ニューヨーク・タイムズ』による金泳三のインタビュー記事を問題にして十月四日、議員資格を剝奪した。金泳三はインタビューで「アメリカは独裁政権を選ぶか、民主主義を求める大多数の民衆を選ぶか、明確な決断を下すときがきた。カーター大統領の訪韓は朴政権の威信を高め、批判勢力を弾圧、抑圧するきっかけになりかねない。カーター大統領の訪韓中止を要求する」と語った。与党は「事大主義者のたわごと」と非難、除名した。

金泳三の議員除名は地元釜山で大学生デモを誘発した。政府は十月十八日、釜山一帯に非常戒厳令を布告、軍隊を出動させた。馬山《マサン》でも暴動がおきた。釜山、馬山暴動の収拾策をめぐり金載圭《キムジェギュ》中央情報部長と車智澈《チャジチュル》大統領警護室長の確執が噴出、朴大統領は非業の最期をとげた。ちなみに金載圭と金泳三は同じ金寧金《キムニョン》氏である。

八七年大統領選挙で苦杯

朴大統領暗殺事件後、つかの間ソウルの春が蘇った。

金泳三は野党新民党党首に返り咲いた。金大中は自宅軟禁が解かれ、八〇年二月、政治活動も自由になった。金鍾泌《キムジョンピル》も朴大統領の後釜に与党共和党総裁に就任した。「三金」の誕生だ。

だが金泳三と金大中の対立が表面化した。両者の支持者は各支部で乱闘をくりひろげた。党内支持勢力が劣った金大中は在野支持者の受け入れを主張したが、拒否された。金大中は新民党入党を放棄、時局懇談会を独自に結成した。事実上の新党だ。野党勢力は分裂した。新軍部の思うつぼだ。だが政争にかまけて三金とも新軍部の野望を看過した。

新軍部は五月十八日、非常戒厳令を全国に拡大、金大中、金鍾泌を逮捕した。金泳三は自宅軟禁のもとにおかれた。新軍部は金大中を軍法会議にかけ、内乱陰謀罪で死刑判決を下した。金鍾泌は不正蓄財二一六億ウォンを没収された。金泳三も政界引退を強制された。

新軍部は三金を筆頭とする五六七人に八年間政治活動を禁止した。金大中はアメリカ政府の介入で八二年十二月、刑執行が停止され、病気治療の名目で渡米した。金鍾泌もアメリカに亡命した。国内にひとり残り、自宅軟禁がつづいていた金泳三は光州《クアンジュ》民主化闘争三周年の八三年五月、政府に政治活動の自由、言論の自由の保障、パージされた教授、学生、労働者の復職など五項目を要求、断食闘争に突入した。断食は二三日間つづいたが、韓国のマスコミは一行も報道できなかった。五項目要求の貫徹に失敗した金泳三は断食闘争を中断した。だが政府は金泳三の軟禁を解かざるをえなかった。

金泳三は同志を募って山へ登り政治を語り合った。金泳三の支持母体「民主山岳会」のはじまりだ。八四年五月、金泳三は民主化推進協議会（金泳三、金大中共同議長）を立ち上げた。民主化推進協議会は両金が政界復帰するまで反体制勢力の根城となり、民主化闘争をリードした。

八五年二月の総選挙で、金泳三の肝いりで結成された野党、新韓民主党は躍進して院内第二党に浮上した。与党の得票率は三五・一％、野党は新民党、民主韓国党両党で四九％だ。総選挙直前、金大中は帰国、三月に金泳三の政治活動規制は解除された。だが新民党はおきまりの内紛で割れ、八七年五月、新しく統一民主党が結成され、金泳三が党首になる。公民権が回復されない金大中は依然被選挙権をもたなかったので、側面で金泳三を支援した。

全斗煥政権は八七年十二月の大統領選挙を前にして七月九日、金大中の赦免・復権措置をとった。両金の間にくさびを打ち込むねらいだ。復権するとたちまち両金は反目する。両金は十二月大統領選挙で候補一本化の原則には同意したが、互いに譲らず、金大中は脱党、新党平和民主党（平民党）を結成、大統領選挙に臨んだ。八七年大統領選挙にはアメリカから帰国した金鍾泌も新民主共和党を結成、同党候補として出馬した。選挙は盧泰愚と三金の四者対決構図になった。だが盧泰愚は八二八万票（三六％）を得票、金泳三の六三三万票（二八％）、金大中六一一万票（二七％）、金鍾泌一八二万票（八％）を引き離し、当選した。野党候補が一本化していたら、八七年の時点で政権が交代した。野党分裂で好機を逸した。だが金大中が野党統一候補になっても敗北したとの見解もある。人口の多い慶尚道の野党支持票は盧泰愚に流れ、金大中は当選できなかったとの分析だ。いっぽう、金大中はもともと野党を割って出る戦略だったというがった見方もある。金大中は野党単独候補になっても勝算がない。金泳三が立候補して盧泰愚と慶尚道の票を分けあえば、漁夫の利を得ることができると判断して一本化を拒んだとの説だ。ここでも地域対立が作用している。

与党への変身

八八年四月の総選挙で盧泰愚政権の与党民正党は惨敗した。与党民正党は一二五人で過半数一五〇人をはるかに下回った。平民党（党首金大中）七一人、民主党（党首金泳三）五九人、共和党（党主金鍾泌）三五人だ。

この総選挙で地域対立が鮮明に示された。与党は盧大統領の地元慶尚北道と大邱《テグ》を席捲《せっけん》、平民党は全羅道、民主党は慶尚南道と釜山、共和党は忠清道《チュンチョンド》でそれぞれ圧勝した。野党多数国会で盧泰愚政権は主導権を失った。盧政権は光州事件の真相解明、五共《オーゴン》非理追及などで窮地に立たされた。与党は多数派工作を進めた。盧大統領の思惑は野党を抱き込み、合党後に議院内閣制改憲を実現して与党主流派の発言権を温存するつもりだ。金泳三も現状ではじり貧になり、金大中に負けるという危機感があった。金鍾泌は議院内閣制改憲がねらいだ。

アンチ金大中を共通分母とした三党は保守合同の名分で合党、九〇年二月、民主自由党が発足した。巨大与党民自党は議員二二一人で、改憲に必要な在籍議員三分の二（一九九人）をはるかに上回る。

民主化闘争を闘った金泳三が軍事政権の亜流に合流した。金大中は「政府を監視すると公言した野党が突然与党と野合した。これは無血クーデタだ」と酷評した。だが金泳三は「過去に執着すれば未来を失う」と弁明した。合党以後、韓国政治の構図は民主化をめぐる与野党対決から地域対立へ変質した。金泳三は民自党代表最高委員に就任したが、旧民正党系と衝突が絶えなかった。盧大統領の姻戚で旧民正系実力者、朴哲彦《パクチヨルオン》議員との間でパワーゲームがつづいた。議院内閣制改憲について金泳三は断固反対した。民正系は合党の密約を暴露して、金泳三の背信を非難した。だが世論は議院内閣制改憲に否定的だった。

金泳三はこの危機もうまく切り抜けた。民正系は与党内で多数派の力を恃《たの》み世代交代の旗印をかかげ、主導権をにぎろうとしたが、金泳三に匹敵するリーダーが不在だ。

その後も金泳三と盧大統領の間で政局運営をめぐり暗闘がくりかえされた。盧大統領は後継者に朴泰俊《パクテジヨン》党最高委員や盧在鳳《ノジエボン》総理起用を模索して、金泳三を牽制した。そのたび金泳三は党務放棄や、金大中との連携などで威嚇、譲歩を勝ち取った。政界の修羅場をくぐった金泳三の捨て身の賭けに軍人出身、政界新入りの盧泰愚は太刀打ちできない。

キングメーカーを自称する与党重鎮の金潤煥《キムユンハン》民自党事務総長も金泳三を支援して、次期大統領候補は「長年民主化に努力してきた三金のうちだれかがなるべきだ」との大勢論を党内に浸透させた。

九二年三月、総選挙で盧大統領は公認候補を自派で固め、議院内閣制改憲を実現させようとした。だが現代《ヒュンダイ》財閥の鄭周永《チョンジュユン》が結成した新党国民党が三一議席を獲得する異変がおきた。与党は一四九人で過半数を割り込み、野党民主党（党首金大中）が九七人で野党第一党の地位を固めた。

これで議院内閣制改憲構想は完全につぶれた。野党の躍進は大統領選挙で金大中に対抗できる与党候補は金泳三しかいないという大勢論を力づけた。五月、全党大会で金泳三は与党候補に指名され、十二月の大統領選挙で九九七万票（四一％）を得票、金大中八〇四万票（三三％）に一九三万票の大差をつけ、当選した。鄭周永候補の得票は三八八万票（一六％）だった。

この大統領選挙で金銭が乱舞した。歴代政権で与党の大スポンサーだった現代財閥は会長が立候補した。仕方なく与党は韓宝鉄鋼などの政商から選挙資金を調達した。これが九七年経済危機の遠因だ。

(2) 改革の虚実

軍閥解体

九三年二月、金泳三《キムヨンサム》の大統領就任直後、世論調査で支持率は八七％、史上最高だった。権威主義にどっぷりつかっていた三二年間の軍人大統領に代わった文民大統領に国民は期待の胸を膨らませた。

金泳三はまず軍閥解体に着手した。クーデタ予防でもある。就任一〇日目に陸軍参謀総長と機務司令官（旧保安司令官）を電撃更迭した。二人は朴正熙《パクジュンヒ》政権から韓国軍部を牛耳っていた嶺南《ヨンナム》軍閥の私組織、ハナフェ（一心会）幹部だ。つづいて七九年下剋上クーデタに関連した将軍、ハナフェ・メンバー、各種不正事件に関連した将校を粛清した。ハナフェは解体、会員は昇級から外され、姿を消した。

陸軍ばかりでなく、海軍や空軍にも手をつけ将軍十余人を不正腐敗で逮捕した。軍部の政治工作を担当した機務司令部も改組、本来の業務に局限した。歴代政権が進めた総額三〇〇兆ウォンに達する栗谷《ユルゴック》という名称の軍備現代化事業（栗谷事業）にメスを入れた。栗谷とは豊臣秀吉の朝鮮侵略に備えて軍備強化を唱えた儒学者李珥《イイ》（一五三六—八四）の雅号だ。次期戦闘機選定購入をめぐる不正を摘発して元国防部長官二人、大統領安保担当補佐官を逮捕した。

軍閥解体は二年後の、全斗煥《ジュンドファン》、盧泰愚《ノテウ》両元大統領の逮捕がクライマックスだった。金泳三も当初、元大統領の逮捕をためらった。元大統領二人は大邱《テグ》、慶尚北道《キョンサンプクト》で確固たる支持勢力をもつ。金泳三自身、三党合同で盧泰愚政権と合体した。九二年大統領選挙で与党候補になり、盧から巨額の選挙資金をもらった。金泳三は過去のことは「歴史の審判にまかせる」という立場だった。

だが元大統領の秘密預金暴露で世論は沸騰した。検察は世論におされて二人を逮捕した。金泳三はそれを正当化するため遡及法を制定した。遡及法について「歴史の立て直し」だと揚言した。元大統領の秘密預金が暴露されると、金大中《キムデジュン》も九二年大統領選挙で盧大統領から二〇億ウォンの選挙資金を受け取ったと告白した。この告白で窮地に立たされたのは金泳三だ。金大中が二〇億ウォンもらったなら、金泳三はどれほどもらったのかと疑惑が提起された。

元大統領逮捕で嶺南軍閥は完全にとどめをさされた。この軍閥解体で金泳三もダメージをうけた。保守勢力の牙城だった嶺南地域は金泳三支持の釜山《プサン》・慶尚南道《キョンサンナムド》と全・盧両者の支持地盤、大邱・慶尚北道が反目、分裂した。これが金泳三政権の支持地盤を揺るがし政権を弱体化させた。次期大統領選挙で与党候補の敗因になった。

かけ声倒れの改革

金泳三は大統領就任後、個人資産一八億ウォンの財産を公開、率先して模範を示し、九三年五月、有名無実だった公職者倫理法を改正して、行政、立法、司法三府の主要公職者九万人の財産登録を義務づけ、高位公職者の財産内訳を公開させた。財産公開で不正蓄財の疑惑がもたれた公務員三〇〇〇人が解任ないし逮捕された。虚偽登録した国会議長、大法院長官が辞任する騒ぎもおきた。

九三年八月、金融実名制を抜き打ち断行した。これは架空名義、第三者名義預金を本人名義に書き換えることを強制するものだ。金融実名制はアングラマネー摘発と不正腐敗の連鎖を絶つのがねらいだ。不動産実名制も施行、他人名義の不動産所有を規制した。金融実名制で二年後、元大統領の秘密預金があぶり出された。

金融実名制は金融所得の総合課税留保など抜け道だらけで政治資金の流れを規制できないザル法だった。公職者の匿名預金の調査も預金取引秘密保護の規定に妨げられ不可能だった。しかも政財界の執拗な反対に直面して金泳三大統領任期末、九七年十二月に国会は金融実名制を事実上骨抜きにする代替法案を議決して死文化した。

金泳三政権は聖域なき捜査をかかげ栗谷事業、同和《ドンファ》銀行秘密資金、スロットマシーン事件などを摘発、旧政権高官を多数逮捕した。

クリーン選挙を標榜して既存選挙法を統合改正し、カネのかからない選挙制度への改正を図った。だが不正非理の摘発、処罰にたいしては、政敵のねらい打ち、政治報復と非難する声も絶えなかった。盧政権で対立した朴哲彦《パクチョルオン》議員をスロットマシーン不正事件で逮捕した。大統領選挙に立候補した現代《ヒュンダイ》財閥の鄭周永《チョンジュユン》も選挙法違反で起訴した。政治的報復だとする批判が高い。
現代グループは鄭周永が経営の第一線から退き、グループは新規分野への投資を封じられ、社勢が萎縮した。

金泳三政権は当初財閥に業種専門化を指示、財閥規制を図った。これには現代グループにたいする反感も作用した。だが中途で政策を転換、競争力強化に重点をおき、規制緩和に乗りだした。第七次経済開発五ヵ年計画を打ち切り、新経済五ヵ年計画（一九九三－九八）を発足させたが、それも市場自律に逆行するとして棚上げした。経済の総合対策を担当、経済参謀本部の役割を果たした経済企画院も廃止した。おりしも対外開放の圧力が強まっていたときだ。自由化の波にのって資本市場を開放、コメ輸入も自由化した。

九六年、先進国クラブ（OECD）に加盟した。韓国は経済開発三五年目に先進国に仲間入りしたと意気軒昂だった。だが対外開放と規制緩和で外貨が流出、経常収支赤字は雪だるま式に膨れあがり、対外債務が急増した。金泳三大統領就任直前の九二年末に四二八億ドルだった対外債務は、九六年には一六四三億ドルに膨れあがった。この赤信号にだれも気をとめなかった。ウォン切り下げが国際収支悪化改善の切り札だが、政府は選挙を意識してそれを怠った。対外債務累積は経済危機の引き金になった。

頻発した大型事故

金泳三政権でも大型事故が頻発した。九三年三月、京釜線亀浦《キョンブスングポ》で特急列車が転覆（死者七八人、以下同じ）、七月、ソウル発のアシアナ旅客機が木浦《モッポ》空港付近で墜落（六六人）、十月黄海《ファンヘ》でフェリーが転覆（二九二人）、九四年十月にソウル漢江《ハンガン》の聖水《スンス》大橋崩壊（三二人）と清州湖《チョンジュホ》遊覧船転覆（二三人）、九五年四月に大邱の地下鉄ガス爆発事故（一〇一人）、六月にソウルの三豊《サムプン》デパート崩壊（六〇〇余人）とソウル麻浦《マポ》地下鉄ガス爆発事故（二〇人）等々がおきた。

相次ぐ事故発生は政府の危機管理システムのマヒを示す。大型事故は歴代政権のもとで行われた拙速行政、手抜き工事、不正腐敗のツケだ。しかし事故再発を防止できなかったのは金泳三政権の国政運営の未熟による。事故がおきても後手後手にまわり、短期的処方でお茶を濁した。喉もと過ぎれば熱さを忘れ、事故にたいする学習効果がまったく反映されなかった。

危機管理能力欠落は経済危機で鮮明にあぶり出された。ＩＭＦ（国際通貨基金）と救済金融に合意した直後、経済担当副総理と大統領秘書官を罷免した。そのどたばた騒ぎで前・後任者の間で事務引継ぎが行われず、混乱に拍車をかけ、破局を招いた。

大統領就任直後にかかげたスローガンは新韓国創造だ。一年足らずでそれが国際化になり、さらに世界化と二転三転した。スローガンがクルクル変わったが、新韓国創造が何なのか、国際化と世界化がどう違うのか、言っている本人もよく知らない。世論向けの即興的アイディアを量産して、混乱をもたらした。改革は制度的、体系的対策がでないままかけ声倒れで終わった。改革は一貫して持続的に進めなければならない。だがそうしなかった。

人事でも失敗した。五年間で総理を六人代えた。在任期間は平均一〇ヵ月だ。経済担当副総理を八人すげ替えた。経済開発を成功させた朴大統領は一八年間で総理を五人、副総理を六人しか代えなかった。

しかも地縁による派閥人事が著しかった。野党時代の側近が実勢《シルセ》（実力者）になり家臣グループを形成した。これらは出身地釜山、慶尚南道のイニシャルをとってＰＫ人脈と呼ばれた。ＰＫ人脈は政府与党、財界の主要ポストを独占した。

金泳三政権で北の核開発疑惑をめぐり朝鮮半島の危機は一触即発の事態にいたったが、ジュネーブ会談で軽水炉代替に合意、戦争は回避された。九四年七月二十五日に平壌《ピョンヤン》で金泳三と金《キム》日成《イルスン》の歴史的会談が予定された。だが七月八日、金日成が急死、会談は流れた。後継者金正《キムジョン》日《イル》は韓国が弔問使節団を送らなかったと反発、南北関係は冷却した。もしこのとき、南北頂上会談が実現していたら、歴史のコースは変わったかもしれない。

金泳三に野党はよく似合う

金泳三政権末期、大企業の連鎖倒産がつづき、九七年年末、韓国はＩＭＦの管理下に置かれた。経済破綻で金泳三は大統領失格の判定が下された。しかも在任中、次男金賢哲《キムヒュンチョル》が政治資金授受と脱税容疑で逮捕される恥辱も味わった。

金泳三は金銭に淡泊で、彼自身は蓄財などスキャンダルはない。だが専門知識不足で行政能力に疑問がもたれた。どんな問題でも深く追求せず、楽観的に見てしまう。一国の運命に責任をもつ大統領には明確なビジョンと冷静な判断力が必要だ。金泳三にはそれが欠けていた。

保守合同で「虎穴に入らずんば虎児を得ず」と見得をきって、権力を手にした。だが虎児を得たあとどうするか、プログラムはなかった。大統領が改革を叫んでも党も官僚も惰性に染まって動かなかった。三党合同のむくいだ。

野党リーダーとして優れた金泳三の資質は大統領としては不適格だった。「やはり野におけレンゲ草」といわれた。

だが金泳三の真面目は退任後、野にもどってから発揮された。経済危機のさなか鳴かず飛ばずで蟄居した。金大中政権が太陽政策の看板で対北宥和政策を進め、言論改革の名分で政権に批判的な新聞を弾圧すると、金泳三は敢然と立ち上がり歯に衣をきせぬ批判をぶつけた。ほかの元大統領は秘密資金で有罪判決をうけ沈黙した。だが金泳三は保守勢力を代弁して金大中政権の対北政策をきびしく非難、言論弾圧の独裁者と辛辣に批判した。

金大中政権も金泳三にたいしては触らぬ神にたたりなしとばかり敬遠した。長年野党生活で同じ釜の飯をくった間柄で、互いに弱みを全部知っている。下手に弾圧すれば藪へビだ。

金泳三の金大中批判は節度に欠くという批判もある。だが権力を憚《はばか》ってみな口をつぐんでいるなか、金泳三の遠慮会釈のない批判は貴重だとの評価もある。それで「金泳三は野党によく似合う」との賛辞が聞かれた。

金泳三の金大中への敵愾心《てきがいしん》は大統領として有終の美を飾れなかったことへの悔しさもある。二〇〇二年学期から金泳三前大統領は年二回特命教授として早稲田大学に出講している。敗軍の将、いかに兵を語るか、関心が集まっていた中、最初の講義は「アジアと世界の政治――民主主義と私の闘争」だった。金泳三の闘争はまだまだ終わっていない。

第８章

金大中

1925.12. 3生―
第15代 1998. 2.25―

ノーベル平和賞授賞式で演説する金大中大統領
（提供・共同通信社）

(1) 波瀾万丈の半生

七転び八起き

第八代大統領金大中《キムデジュン》は七転び八起き、迫害に耐え死線を越える波瀾万丈の半生をおくり、古希をすぎて大統領の座についた。

海外では独裁政権と闘った民主主義のチャンピオン金大中の評価は高い。二〇〇〇年度ノーベル平和賞まで受賞した。

いっぽう、国内では彼にたいする見方は極端に分かれている。太陽政策で南北和解を図った理想主義者、既得権勢力と闘う革新勢力リーダーという礼賛論がある。他方では豹変ただならぬデマゴーグ、権力掌握のため、どんなことでも辞さないマキャベリストなど非難もある。彼の評価は国内外でそれほど落差がある。

それはまた、彼がたどった政治行路の起伏を物語る。金大中は一九二五年、全羅南道《チョルラナムド》木浦《モッポ》から船で二時間あまりの離れ島、荷衣島《ハイド》で出生した。四三年に木浦商業学校を卒業、日本人が経営する海運会社に勤め、解放後運送業を営んだ。だが政治を志望して五四年、第三回総選挙に無所属で立候補、落選した。五五年、野党民主党に入党して若手の雄弁家として張勉《チャンミュン》副大統領から目をかけられ、張勉の新派に所属した。張勉が教父となりカトリックに入信、洗礼名はトーマス・モアだ。

五八年総選挙で江原道麟蹄《カンウォンドインジェ》で出馬しようとしたが、官権が妨害して候補者登録すらできなかった。五九年補欠選挙でも苦杯を喫し、六〇年七月、総選挙も落選した。

だが張勉総理は現役議員をさしおいて院外の金大中を与党民主党スポークスマンに起用した。金大中はめきめきと頭角を現した。六一年五月十四日、補欠選挙で金大中は当選、四回目の挑戦でようやく悲願を達成した。だが二日後の五月十六日、軍事クーデタがおき国会は解散された。当選の喜びはわずか四八時間で終わった。しかも三ヵ月間容共容疑で収監され取調べをうけた。軍事政権にたいする金大中の恨みは骨髄に達した。

議員職を剝奪され浪人暮らし中の六二年五月、一歳年上の李姫鎬《イヒホ》現夫人と結婚した。金大中は先妻と五九年に死別、息子二人をかかえた男やもめだった。李姫鎬女史はアメリカ留学帰りで福祉事業活動をしていた。新婚一〇日目に金大中はまたしても反革命容疑で一ヵ月収監された。

六三年総選挙で金大中は郷里木浦で立候補。当選した。彼の国会活動はめざましかった。金大中の鋭い舌鋒に政府閣僚はきりきり舞いさせられた。金大中は野党随一の雄弁家、口八丁手八丁のやり手と名を馳せた。政府与党にとっては目の上のコブだ。六七年総選挙で政府与党は金大中落選工作に全力をあげた。木浦に朴大統領が直々二回も乗り込み与党候補を応援した。だが金大中は当選、これで三選議員ながら野党で確固たる地盤を築く。

七〇年九月、野党新民党全党大会の次期大統領候補選で金大中は金泳三《キムヨンサム》と競合して、一次投票で次点だったが、決選投票で候補に選ばれた。宿命のライバルとなる金泳三との対決の第一ラウンドだ。大統領候補の金大中は記者会見で南北交流など統一政策、郷土予備軍の廃止、大衆が参加する福祉分配政策を主張した。政府与党は南北交流を主張した金大中はアカだとレッテルを貼って非難した。

(2) 死線を越えて

拉致事件

七一年四月、大統領選挙で金大中《キムデジュン》は五三九万五〇〇〇票、朴正熙《パクジョンヒ》は六三四万二〇〇〇票を得票した。金大中は九四万七〇〇〇票の差で敗れた。しかし政府与党は危機感を覚えた。官権、金権を総動員しても九四万七〇〇〇票の差まで追いつめられた。次回は勝てない。

一年後、朴政権は維新独裁体制を断行、大統領間接選挙制に移行した。金大中は選挙遊説で朴正熙の三選野望を警告したが、その通りになった。しかも七一年大統領選挙で嶺南《ヨンナム》対湖南《ホナム》の地域対立感情が噴出した。政府与党は朴大統領出身地の嶺南地域住民に支持を訴えた。野党は経済開発で取り残された湖南住民の疎外感と被害者意識をあおった。その後三〇年間、韓国政治を腐食させる地域対立のはじまりである。

七一年五月、総選挙で与党民主共和党は過半数（一一三人）を越す一二三人が当選した。野党新民党は改憲を阻止できる六五人をはるかに上回る八九人が当選した。野党の大勝利だ。選挙運動中、金大中は交通事故で負傷した。テロ疑惑がもたれたが、政府は単なる交通事故と処理した。

七二年十月十七日、朴政権は維新独裁体制を断行した。このとき金大中は病気治療のため東京に滞在中だった。金大中は帰国を断念、アメリカと日本を往復しながら反独裁闘争を展開した。朴政権は反独裁活動をつづける金大中を放置しなかった。

七三年八月八日、金大中は東京のホテル・グランドパレスから中央情報部員により拉致され、五日後の八月十三日、ソウルの自宅前で釈放された。拉致事件は国際的に波紋を広げた。主権を侵害された日本は原状回復（金大中の引渡し）を要求した。アメリカも朴政権の独裁に危惧を表明した。だが日韓両国は政治的決着をつけた。米国務省韓国課長レイナードは後日、朴政権がウラで田中首相に小佐野《おさの》賢治《けんじ》（大韓航空株主）を通じて三億円を献金したと証言した。

拉致事件で金大中は一躍国際的に有名になった。拉致事件は朴政権最大の失策だった。経済開発の業績は帳消しになり、国際的に悪名をとどろかす。この事件は七七年前の孫文拉致事件と酷似する。一八九六年十月、清国公使館はロンドン滞在中の孫文を拉致、公使館に監禁して本国に強制送還しようとした。孫文は海外で反清・独立運動を展開していたからだ。監禁中の孫文は密かに外部に急を知らせた。英外務省とマスコミは事件に介入、孫文は釈放された。これで孫文は一躍国際的に著名になり、一五年後の辛亥革命後、大総統に選ばれた。

死刑宣告と服役

ソウルに強制連行された金大中は、その後一四年間、軟禁生活を強いられた。自宅は格子なき監獄になった。自宅をとりまいて警察官哨所が八ヵ所も設置され、機動隊員二〇〇人が常駐、出入りをチェックした。

日韓両国は政治的決着をつけたが、しこりが残った。日本マスコミは朴政権をきびしく批判した。この事件は韓国政治の分水嶺になった。朴政権は国際的に孤立した。七四年八月十五日、在日韓国人文世光《ムンセガン》の朴大統領暗殺未遂事件がおき、流れ弾に当たった大統領夫人が死亡した。暗殺事件で日韓関係は急冷した。

アメリカでも反朴政権ムードが高まった。米議会はコリアゲート聴聞会を開き、独裁政権の暗部を暴いた。七六年三月、金大中は尹潽善《ユンボスン》元大統領など在野人士とともにソウルの明洞《ミョンドン》カトリック聖堂で民主救国宣言を公表して維新独裁体制を真っ向から批判した。これは維新体制にたいする公然たるレジスタンスのはじまりだった。金大中は逮捕され、懲役五年で収監されたが、七八年十二月、釈放された。

七九年、朴大統領暗殺事件後、ソウルにつかの間の春が訪れた。政党もマスコミも有頂天になった。韓国は即座に民主主義政治に移行すると錯覚して、新しい憲法づくりの論議に精力を費やした。だが新軍部は着々と政権奪取に向け準備を進めた。政治家の甘い状況認識が破局を招いた一因だ。金大中は八〇年二月二十九日、公民権を回復、政治活動を再開した。金大中は学生の反政府デモが軍部の介入を招く口実になりかねないと懸念して学生に自制を促したが、無益だった。

新軍部は五月十八日、混乱を理由に戒厳令を拡大して金大中を逮捕した。金大中逮捕のニュースに憤激した光州《クアンジュ》市民は蜂起した。この民主化闘争で二〇〇人近い市民が死亡した。新軍部は八〇年九月、軍法会議で金大中を内乱陰謀、反国家団体首魁罪で死刑を宣告、八一年一月、大法院最終判決でこれが確定した。だが国際世論の圧力におされた全斗煥《ジュンドファン》政権は無期、さらに懲役二〇年に減刑した。八〇年一月に就任したレーガン大統領は全斗煥大統領に、金大中減刑と引き換えにトップ会談を行う約束をした。全大統領は減刑措置に署名した翌日、ワシントンに向かい、レーガンとの会談を実現した。これでクーデタで政権をとった全斗煥政権は国際的に認知された。金大中は清州《チュンジュ》矯導所で二年間服役した。監獄では読書に熱中した。金大中の幅広い知識と数多い著述は矯導所での読書のおかげだ。八二年十二月二十三日、金大中は突然刑執行が停止され、病気治療目的での出国が許可され渡米した。

金大中渡米もアメリカ政府の介入による。釜山《プサン》のアメリカ文化公報院放火事件など反米ムードが広がっていた。新軍部の光州事件鎮圧作戦をアメリカが黙認したとの理由だ。アメリカはこの反米の動きを懸念して、韓国政府に金大中釈放を求めたのだ。

金大中は八五年二月までの二年余、アメリカで事実上の亡命生活を送った。ハーバード大学国際問題研究所客員の資格で滞在した二年間は金大中にとってアメリカ政界と交遊を広げ、知名度を上げる絶好の機会だった。アメリカのマスコミは彼をしばしば取り上げ、在米韓国人の間で多くの支持者を集めた。フィリピンの野党政治家アキノ議員とも親交を結んだ。アキノは八三年八月に帰国したがマニラ空港で暗殺された。アキノ暗殺をきっかけにマルコス独裁政権は国際世論の指弾を浴び八六年に崩壊した。

大統領選挙に四回挑戦

八五年二月十二日総選挙の直前の八日、金大中は韓国政府の反対をおし切って帰国した。第二のアキノ事件を懸念してアメリカの下院議員二人、国務省前人権担当次官補、元海軍提督など二十余人が同行した。金大中帰国の効果は大きかった。新民党は選挙後、他野党からの入党が相次ぎ、一〇三人となり、与党民正党一四八人と対決できる二大政党時代が出現した。だが金大中は依然として政治活動が禁止されていた。

八七年七月、十二月の大統領選挙を前に金大中は公民権を回復した。政府与党のねらいは野党候補の分裂だ。案の定、大統領候補をめぐり金大中と金泳三が対立、野党候補一本化はならなかった。金泳三は野党第一党民主党候補になり、金大中は新たに平和民主党（平民党）を結成、立候補した。選挙で野党支持票は金大中六一一万票（二七％）、金泳三六三三万票（二八％）に割れ、与党候補盧泰愚《ノテウ》の八二八万票（三六％）に大差をつけられた。野党の敗因は候補一本化ができなかったせいだ。だが金大中は「野党候補が一本化しても当時の選挙状況では勝てなかった」と釈明する。「六三、六七、七一年の大統領選挙で野党候補は一本化したが敗北した。一本化しなかったから負けたのではない。それよりも投票三週間前、ビルマ上空で大韓航空機が爆破され墜落、犯人金賢姫《キムヒュンヒ》が逮捕された事件が、有権者の反共アレルギーをかきたてた。政府与党はわたくしが容共だと誹謗中傷宣伝をくりひろげた。これが選挙の流れを変えた」と主張する。

大統領選挙で敗北したが、八八年四月の総選挙で平民党は七〇人（のちに一名入党して七一人）を当選させ、第一野党として登場した。与党民正党は一二五人で過半数（一五〇人）を下回った。

金大中は第一野党党首として国会で代表演説を行った。一七年ぶりの国会演説だ。金大中は光州事件の徹底的真相究明と全斗煥政権の不正腐敗追及を要求した。同時に真相を究明しても処罰は求めないと言明した。少数与党の盧政権は金大中の要求をのまざるをえなかった。五共《オーゴン》清算はこうしてはじまった。国会の五共清算追及は八九年末までつづいた。

政局の主導権を失った盧泰愚大統領は九〇年三党合同で民主党（五九人）、共和党（三五人）をとりこみ院内多数を回復した。盧政権は金大中と合党を模索したが、地域対立感情の解消が至難で実現しなかった。

九二年十二月、大統領選挙で金大中は八〇四万票を得票、九九七万票の金泳三候補に一九三万票の大差で敗北した。金大中はその敗因を嶺南対湖南の地域感情に求める。当時、政府与党幹部は「もし全羅道《チョルラド》出身の大統領でも出現したら慶尚道《キョンサンド》の人間はみな海にはまって死なねばならない」と、地域感情丸出しの発言を漏らしたほどだ。金大中が容共だとの宣伝もこれに加勢した。

九八年大統領就任

三回目の大統領選挙に敗北した金大中は政界引退を宣言、翌年一月、英国ケンブリッジ大学に留学、クレア・ホールで六ヵ月間、読書と思索にふけった。ここでドイツ統一を研究、ドイツを三回も訪問、崩壊間もない「ベルリンの壁」の前に立った。金大中は数十年も暖めた南北三段階統一論をまとめ、ヨーロッパの著名人士とも交友を深めた。

だが政治への思いは断ちがたい。九三年七月、彼は一年間の留学予定を半年で打ち切って帰国し、政界復帰の足場としてアジア太平洋平和財団を創設した。九三年二月に出帆した金泳三政権は当初八七％の高い支持率を誇ったが、内紛がつづき支持率が下落するなか、九四年四月、李会昌《イヘチャン》首相が大統領と対立して辞任、九五年三月、与党代表金鍾泌《キムジョンピル》も脱党して保守新党、自由民主連合（自民連）を立ち上げた。

激動する政局の渦中、金大中は九五年九月、野党新政治国民会議（略称国民会議）を結成、政界にカムバックした。三金時代の再現だ。金大中は九七年の大統領選挙で野党国民会議候補として早々に名乗りをあげた。与党候補は李会昌が新韓国党全党大会で選ばれた。だが選挙結果を不服として李仁済《イインジェ》最高委員が脱党、国民新党を結成、出馬した。与党は分裂した。

歴代与党の牙城、嶺南地域も割れた。慶尚北道は李会昌、慶尚南道は李仁済支持に回った。金大中は金鍾泌と提携、候補一本化に成功した。全羅道と忠清道《チュンチョンド》地域連合だ。連立公約は議院内閣制改憲の実現だ。

選挙まぎわに韓国経済危機が表面化した。韓宝《ハンポ》鉄鋼スキャンダル、金融梗塞《こうそく》による大企業の連鎖倒産がつづき、十一月に国際流動性危機で韓国はＩＭＦ（国際通貨基金）管理下に置かれた。有権者は政府与党の失政に憤怒した。

大統領選挙で金大中は一〇三三万票を得票、李会昌の九九四万票とわずか三九万票の僅差ながら当選を果たした。李仁済の得票は四九三万票だ。もし自民連と連立ができず、逆に与党候補が一本化していたら金大中は勝てなかった。きわどい勝負だった。金大中は苦節三〇年、権力の頂点にのぼりつめた。金泳三大統領はみずから文民政府と呼称した。それに対抗して、金大中は自分の政権を「国民の政府」と名づけた。

(3) 国民の政府

一連の改革

金大中《キムデジュン》は当選翌日の十二月十九日から大統領職に正式就任する九八年二月二十五日までの二ヵ月間、事実上大統領権限を行使した。金泳三《キムヨンサム》大統領は完全にレームダックになっていた。危機克服のためＩＭＦとの交渉も指し図した。ＩＭＦの要求にしたがって公共、金融、財閥、労働の四大改革を進めた。経済危機の元凶とされた財閥オーナーを呼びつけ改革を命令した。

こうして財閥解体がはじまった。金泳三政権は軍閥を一掃したが、金大中政権は財閥を解体した。これで軍事政権の遺産を清算した。金融構造改革のため公的資金一五〇兆ウォンを投入、銀行三三行のうち五行、総合金融会社三〇社のうち一六社を整理閉鎖した。財閥に負債縮小など経営改善を命令した。

財閥はリストラに追い込まれ、政府の指示にしたがいビッグ・ディール（大規模事業交換）を進め、業種を再編成した。負債過多の大宇《テウ》財閥は空中分解、第一銀行は外資に売却された。雇用機会増大のためベンチャービジネス創業を奨励した。新しい雇用先になるＩＴ（情報技術）産業を振興して情報化先進国をめざした。

改革は教育、医療、福祉分野にも及んだ。セーフティネットづくりのため基礎生活保障法を制定した。医療保険も改革し、医療保険財政の一元化、医薬分業制を実施した。教育改革では教員定年引下げを断行、国家人権委員会を創設するなど、大衆受けする政策を矢継ぎ早に打ち出した。

経済危機は早期に収拾された。九七年経済危機の本質は国際流動性危機だ。経常収支の慢性赤字、対外累積債務一六〇〇億ドル、財閥の負債過多など悪条件が積もっていた。しかも政権交代期で韓国経済にたいする内外の不安が高まっていた。それで国際的取り付け騒ぎがおきたのだ。

だが政権が交代、金大中政権がＩＭＦの改善要求を全面的に受容すると海外の不安は徐々に解消した。金融と企業の構造改革で経常収支赤字は九八年から黒字に転換した。九八年にマイナス八%まで落ち込んだ経済成長率は九九年には六%に回復した。九九年下期、韓国政府は危機克服を高らかに宣言した。

だが改革には苦痛もともなった。整理解雇で失業者がピークで一〇%近くに膨れあがった。ほかの政権だったら労組の反発が手に負えなかった、革新勢力の支持をうけた金大中政権だったので失業不満を乗り切れたとの見方がある。

改革の痛みを福祉のセーフティネットで鎮静させる処方箋のツケは高くついた。金大中政権になって国家債務が急増した。国家債務は九七年末の九〇兆ウォンから二〇〇一年には二四〇兆ウォンと四年間で二・六倍も急増した。

二〇〇一年はじめ、金大中大統領は言論改革を宣言してマスコミ二三社にたいし税務査察を一斉実施、総計一兆三五九四億ウォンの脱税を摘発、五〇五六億ウォンを追徴した。保守系有力紙、朝鮮、東亜、中央日報三社は一社平均八〇〇億ウォンが追徴され、朝鮮、東亜オーナーは脱税容疑で逮捕され、起訴された。言論改革か弾圧かをめぐり、政府とマスコミの間で生き残りをかけた対決がはじまった。

対北和解路線の迷走

金大統領は就任後、太陽政策をかかげ、北朝鮮に食糧や肥料援助を供給、六年間に九億ドルを支払う現代《ヒュンダイ》グループの金剛山《クムガンサン》観光事業を認可するなど対北和解を精力的に進めた。政策は奏功して二〇〇〇年六月、平壌《ピョンヤン》で南北頂上会談が実現した。分断後、南北首脳がさしで会ったのははじめてだ。韓国ばかりか、全世界が熱狂した。金大中の人気は急騰した。

頂上会談は軍事的緊張緩和、南北経済交流、離散家族再会などについて論議したほか、金正《キムジョン》日《イル》の答礼訪問も合意した。南北和解にたいする努力が評価され、金大中は同年末ノーベル平和賞を受賞した。

このときが金大中にとって得意の絶頂だった。その後は失望と幻滅の連続だ。緊張緩和の具体的成果はない。ソウルと平壌を結ぶ京義線《キョンイスン》復旧工事も韓国側は完成したが、北は未着工だ。離散家族再会も一〇〇人ずつ四回で終わった。

金剛山観光は赤字だらけで主管する現代グループの経営危機を招いた。政府は現代グループを支援、金剛山観光事業を国営観光公社が肩代わりした。これが政経分離政策の違反であり、政経癒着の典型、特恵との批判を生んだ。保守勢力は北への一方的貢ぎだと非難した。

金正日の答礼訪問は実現しなかった。金正日は韓国が電力支援、港湾施設など社会間接資本と食糧支援を公言しながら、履行しないと反発した。

金大中の太陽政策は国民のコンセンサスがないまま、大統領の独断で進められた。国内保守勢力は不満だ。南北頂上会談後、表面化した統一憲法制定などの動きは長期政権維持の野望ではないかとの疑惑を招いた。北朝鮮にきびしい論陣をはった保守系新聞にたいする弾圧も金正日訪問を前にした言論統制の一環という見方もある。対北和解路線をめぐり国論は分裂した。国内で金大統領が金正日のソウル訪問実現に執着して、平衡感覚を失ったとの批判もある。

ジョージ・ブッシュ政権発足後、事態はさらに悪化した。ブッシュ大統領は北朝鮮を「悪の枢軸」ときめつけた。金大中政権の対北政策は窮地に立たされた。金大統領はヨーロッパが太陽政策を支援することを期待した。アメリカにとっては不快だ。

二〇〇二年二月、ブッシュ大統領が韓国を訪れたとき、反米デモがおき、大学生らは駐韓アメリカ商工会議所に乱入占拠した。与党議員が国会でブッシュ大統領を「悪の化身」と罵倒した。アメリカは金大中政権のもとでひろがっている反米ムードに苛立った。米韓関係は朴正熙《パクジョンヒ》政権末期と同様、摩擦が高まった。

金大中政権は対日関係を画期的に改善した。九八年、大統領は訪日、小渕恵三首相と過去を清算、未来志向の両国関係構築を謳った共同宣言を発表した。日本の映画、歌謡曲など大衆文化輸入の段階的解禁も発表した。だがその後、歴史教科書検定、首相靖国神社参拝、北方四島漁労などで両国関係は冷却した。伝統的友邦であるアメリカや日本との不和ときしみは金大中政権にとって大きな負担になった。

改革の失敗

金大中大統領最大の失敗は人事だ。湖南《ホナム》派閥の跋扈である。金大統領は「国民の政府」を自負したが、湖南人士が要職を独占する「湖南地域政府」に転落した。

歴代政権すべてが地縁中心で同郷出身を要職に登用した。野党時代、金大中はそれをきびしく批判した。だが金大中政権でも同じことがくりかえされた。高級官僚の要職を出身地域別比率で見れば、金大中政権では湖南出身者は二七％だ。全斗煥《ジュンドファン》（一三％）、盧泰愚《ノテウ》（一〇％）、金泳三（一一％）政権にくらべ、著しく高い。表面的数字や比率にくわえ、実質的権力をにぎっているポストをほとんど湖南閥が占めた。歴代政権で冷遇差別された反動であり、その補償だとする弁明もある。しかしこれが地域感情対立を激化させた。

野党のとき苦楽を共にした同志を抜擢重用する人事は人材起用の選択幅を狭めた。しかも同郷同士の癒着腐敗を生み、他地域出身の嫉視と抵抗を招いた。

金大中は党人出身で、行政経験は皆無だ。在任中、頻繁にくりかえされた長官更迭は行政をマヒさせた。長官の平均在任期間は一二ヵ月足らず、在任四年間で、教育、建設交通部は七人、法務、統一、産業資源、情報通信、保健福祉、労働部は六人、外務部は五人、財政経済部は四人の長官が交代した。改革の目玉である医療、教育改革の担当長官は平均八ヵ月で更迭された。

いくら有能な長官でも仕事ができない。改革は挫折、未完で終わった。

金大中政権は経済政策をレーガノミックスを模倣してDJノミックスと呼んだ。DJは金大中のイニシャルだ。野党は、「改革はゴミを処理せず、片隅に寄せて外から見えないようにしただけだ。誇示効果をねらう、ばらまき式政策にすぎない」と酷評した。

政権初期から権力絡みの不正非理事件が次々と浮かび上がった。同じ釜の飯をくった同志、同郷の連帯意識が作用して不正非理の温床になった。与党、検察、警察、情報機関もグルになり、牽制機能が作動しない。経済危機で政府は雇用機会創出のためベンチャービジネス育成に力を入れた。ベンチャービジネスをめぐり、権力と癒着した不正がぞくぞく暴露された。歴代政権は財閥と癒着した。だが財閥解体後、癒着の対象はベンチャービジネスに変わった。

スキャンダルは大統領親族や側近の逮捕に発展、大統領の威信は地に落ちた。大統領が創設したアジア太平洋平和財団までスキャンダルが飛び火した。金大中政権のモラルハザード（道徳的解怠《けたい》）は歴代政権にまさるとも劣らなかった。

(4)　ポピュリズムの限界

金大中《キムデジュン》大統領は少数派政権でスタートした。大統領選挙でも支持率は四〇%、得票は次点とわずか三九万票の僅差だ。政局は薄氷を踏む不安定な状況がつづいた。

金大統領は革新をめざしたものの、保守の自民連（総裁金鍾泌《キムジョンピル》）と提携して連立政権を発足させた。総理ポストを金鍾泌に譲り、一九の長官ポストのうち六つも自民連に割愛した。野党に転落したハンナラ党（九七年十一月に新韓国党と民主党が合併）は院内多数だったが、経済危機を招いた負い目のため沈黙せざるをえなかった。危機打開という国民的支持を背景に金大中政権は一連の改革を強行した。金大中は議院内閣制改憲という公約も経済危機を口実に破棄した。

だが破局から抜け出し、危機感が消えるとともに国民的支持は消滅した。野党は反攻に転じた。二〇〇〇年四月、総選挙で金大中政権は総力戦で臨んだが、与党の新千年民主党（二〇〇〇年一月党名変更）は一一九人が当選するにとどまり、院内第一党になれなかった。保守本流を名乗った自民連は革新志向の与党入りをしたため、有権者の不信を受け一七人に転落、ハンナラ党は一三三人と依然、第一党の地位を維持した。だがどちらも院内過半数（一三七人）確保に失敗した。

金大中は政局主導権を回復するため、六月に南北頂上会談を実現させた。だが金大中の対北宥和政策に反発した自民連は、太陽政策を対北宥和政策と非難して二〇〇一年八月、連立を離脱した。国会は野党多数になり、それ以降、金大統領は政局の主導権をまったく喪失した。金大中は在任五年間、不安定な少数派政権のハンディを背負って、政局主導権を奪回しようと試行錯誤をつづけたが、失敗した。

歴代政権ではアメ（金権）とムチ（軍隊）を使った多数派工作が成功した。金大中政権はその多数派工作が功を奏さなかった。理由はアメとムチを活用できなかったことにある。しかも大統領の革新系理念にたいする不信感もあった。市民団体や労働勢力を活用して政界に圧力を加える金大中の大衆動員型手法にたいする議員の拒否反応もあった。

金大中は就任後、政治的報復をしなかった。これまで拉致事件や内乱陰謀で死刑宣告をうけるなど数々の迫害をうけた。だが権力をにぎっても報復しなかった。いやできなかった。少数派政権の限界である。

金大中政権は地域政党から脱皮できなかった。地域感情を利用して政権をとったむくいだ。しかも保守、革新双方の不信をかった。自民連と提携したツケだ。むしろ中道左派政権という旗印を鮮明にすべきだったとの批判もある。金大中は任期一年を残して、一族、側近のスキャンダル続発でレームダックになった。ちょうど金泳三大統領の任期末と酷似している。

金大中政権は国論分裂というパンドラの箱を開けた。地域対立、世代対立、理念対立が一挙に噴き出し、社会的反目と葛藤が激化した。

対北宥和論者は反対論者を「統一反対勢力」と決めつけた。対北強硬論者は金大中を「容共」と非難する。

言論改革をめぐる政府と新聞との対決は中国の文化大革命を彷彿させた。これに介入、政府側に加勢した市民団体は当該新聞を族閥言論、独裁癒着と罵倒した。新聞は市民団体を紅衛兵と反撃した。金大中政権にたいする世論は真っ二つに割れた。

反独裁闘争というカリスマをバックにした金大中が独裁政治の変形ともいえるワンマン支配になった。逆境に耐え、信念をつらぬき、七転び八起きの末、権力を手にした金大中が独善、独断におちいったのも必然のなりゆきだ。

金大中は、すべてを独断専行、組織でなく個人で動かそうとした。生涯四つも政党をつくってはこわした。政党は公党でなく私党にすぎず、地域朋党に転落した。

国政をシステムでなく個人で動かそうとした。少数派政権のハンディを跳ね返すため、大衆を動員する直接民主主義のタテマエで市民団体などを活用して議会に圧力を加えた。ポピュリストの手法だ。だがいったん落ち目になると、これがブーメランとなってもどってくる。

彼はマスコミを徹底的に活用して政権をとることができた。だが就任後、マスコミを敵にまわした。誤算だった。言論改革は言論弾圧と受け止められ、海外で評判を失墜させた。金大中政権では地域感情対立は解消どころか増幅した。南北和解も金大中の独り相撲だった。金大中に後継者はいない。政策と理念を継承できるリーダーが見あたらない。システムでなく個人で動いたせいだ。韓国政治はこの二〇年間、三金の対立という不毛な競合で空転した。三金のだれも後継者を育てなかった。もっとも権力とは禅譲でなく、勝ちとるものだ。跡をつぐ政治家が育っていない。

金大統領が就任したさい、与党は「準備した大統領」と公言した。だが退任後、「失敗した大統領」といわれかねない。政権交代後、前任者の治績行状はきびしくあげつらわれる。前政権の不正非理を仮借なく追及される。たとえ自党候補が当選してもだ。

ノーベル平和賞は金大中にとって茨の冠だ。カトリック信徒金大中の洗礼名はトーマス・モア。トーマス・モアは十六世紀英国のヒューマニストで政治家だ。モアは大法官まで上りつめ、国王ヘンリー八世を補佐したが、信仰問題で国王と対立、断頭台の露と消えた。金大中は逆境に強かった。それは賞讃に価する。だが権力の座についた後の評価はまた別だ。

後世の史家は彼を挫折したポピュリスト、またはリージョナリスト（地域主義者）と見るであろう。

第９章

大統領の悲劇

不正蓄財で起訴された被告席の全斗煥（前列右から１人目）と盧泰愚（２人目）
（提供・韓日ビジネス）

(1) 絶対権力は絶対腐敗する

権力集中のわな

韓国歴代大統領八人のうち三人は任期途中で下野、一人は暗殺され、二人は退任後収監され、もう一人は無能な大統領と罵倒され、恥辱にまみれ退場した。ほとんどが悲劇的末路をたどった。

なぜ悲劇がくりかえされたのか。韓国はこの半世紀、冷戦の最前線に立たされ、列強のパワーゲームの対象だった。冷戦は朝鮮半島でいまなお終わっていない。歴代権力者は国際的パワーゲームの駒として活用された。だが利用価値がなくなったとたん使い捨てだ。李承晩《イスンマン》がその典型である。

しかも権力者は権力掌握のため手段方法をえらばなかった。政治家はどんな汚い手を使っても権力の座につけさえすればよい。成功は手段を美化すると思いこんだ。クーデタがその典型だ。韓国で「イヌのように（汚く）稼いでも、大臣のように（鷹揚に）使え」とのコトワザがある。それを地で行った。だがいったんイヌになったものはイヌから抜け出せない。原罪がつきまとう。銃剣による権力交代が金権選挙による政権交代に代わっても同じだ。

しかも大統領に権力が集中した。韓国は王朝統治から植民地支配を経て独裁政権にいたるまで、権力が一人に集中収斂《しゅうれん》する構造は変わらなかった。三権分立の伝統はつくられなかった。それで権力にたいするチェック・アンド・バランス機能が作動しなかった。南北分断、対峙の危機的状況は権力集中をさらに強めた。

絶対権力は絶対腐敗するというのが権力の法則だ。絶対権力は超法規をめざす。法治が人治に流れた。権力を掌握、保持するためムチ（軍隊）か、アメ（金権）に頼る。政経癒着がうまれ、不正腐敗が横行した。権力をいったんにぎれば放さない。長期政権の誘惑に囚われる。トラの背中に乗ったものは降りられない。虎尾《こび》難放《なんぽう》である。

権力のうま味のせいばかりではない。報復が怖い。平和的な政権交代ができない。また政権交代しても前任者は影響力を温存、行使しようとして、後任者からしっぺ返しをくらう。議院内閣制で権力集中の弊害をなくそうとしたこともある。だが一〇ヵ月の短命で終わった。権力分散による二重権力構造は軍部クーデタで欠陥をさらけだした。権力分散を唱える者も、自分が権力をにぎるとたちまち意見を変える。独裁政権の変形である大統領の一人支配構造はその後もつづいた。

地域対立

韓国には厳密な意味では政党政治はなかった。政党とは理念を同じくする人びとの公的組織だ。韓国の政党は名目だけだ。実質は血縁、地縁でつながっている朋党で党首の私党にすぎない。党首を中心に離合集散した。大統領が代わるたび政党ができたり、つぶれたりした。国政は大統領の私組織により動かされた。私組織はネポティズムの温床となった。大統領は政権維持のウラ金を調達するため私組織を活用する。家臣、実勢《シルセ》と称する権力者側近が暗躍した。

朋党は選挙で地域感情をあおり立て利用した。韓国の激烈な地域感情は自然発生ではない。朋党らの権謀術数の悪しき副産物だ。地域住民の疎外感に火をつけ、韓国人特有のハン（恨）をかきたて、それで得票した。

嶺南《ヨンナム》、湖南《ホナム》、忠清道《チュンチョンド》の地域対立は韓国政治を歪ませた。地域対立をあおり、ぎゃくにあおられて、金泳三《キムヨンサム》、金大中《キムデジュン》、金鍾泌《キムジョンピル》など三金は不毛な抗争の泥沼に足をとられた。いまさら『三国志演義』の時代でもあるまいに、三地域が鼎立した。三金の呪縛が政治をダメにした。民主化をめぐる政治闘争は地域対立をめぐる権力争奪に矮小化した。

長期政権の弊害を是正するため八七年、大統領任期を一期五年、重任禁止の単任制とする憲法に改正された。だが単任制にも短所がある。一期五年の大統領は任期末の一年、レームダックになり、なにもできない。みんな次期政権の行方に気もそぞろで、公務員は浮き足立つ。しかも再選禁止の大統領は世論を無視、任期中、独断専行になりがちだ。一族側近は利権漁りに血眼になる。

それでふたたび憲法改正論議が台頭している。副大統領がいない現行制度を変え、正副大統領制を復活、出身地域が異なる正副大統領を選出する。大統領任期を四年に短縮、再選を許容する案が浮上した。議院内閣制改憲論もくすぶっている。韓国の憲法改正はほとんどが大統領の権力構造をいじくるものだ。改憲が権力のおもちゃにされた。いくら制度を変えても、弊害はなくならない。制度の改定より、その運用に問題がある。

権力の原罪――金権体質

政治にはコストが要る。独裁にせよ議会主義にせよ、維持するためにコストが必要だ。前者のばあい、軍事費や治安維持費に隠され、維持コストが意識されない。だが議会政治は選挙の手続きをふむ。選挙に要る金銭コストが目立つ。選挙マシーンである政党を維持するためランニング・コストも必要だ。

韓国大統領も国会とか、統一主体国民会議による間接選挙で選出したときは政治コストはほとんど意識されず、目立たなかった。八七年、大統領選出方式が直接選挙に変わったとたん金権が動員され、それが選挙体質として定着した。有権者が増えればそれに比例して選挙コストが高くなる。テレビなどマスコミ媒体を活用するにつれ選挙費用はさらにかさむ。買収など不正手段を講じればコストはますます増大する。天文学的金額をばらまく大統領選挙資金を調達するための政経癒着は当然のなりゆきだ。

政経癒着は腐敗と汚職を生む。歴代政権は財閥に特恵を与え、財閥は政治献金した。癒着は韓国企業の競争力を蝕《むしば》んだ。政権が交代するたび財閥は浮沈をくりかえした。九二年大統領選挙で新興財閥韓宝《ハンポ》が与党候補に巨額の資金提供をしたという疑惑がささやかれた。その後、韓宝鉄鋼は莫大な銀行融資を焦げ付かせ、経済危機の導火線となった。

歴代政権はつねに不正腐敗の一掃をかかげ、改革を進めたが、かけ声倒れだった。旧悪去って新悪が生まれた。癒着を断絶するといいながら再癒着した。政治とカネは永遠なる二律背反なのだ。

もっとも民主主義の本場、アメリカの大統領選挙でも莫大なコストがかかる。だが選挙運動収支は公開され、いちおう透明化が図られている。

韓国では大統領選挙運動の収支はブラックホールだ。それで選挙の公正、収支内訳がつねに争点となり、選挙が終わっても与野党双方で負担になった。歴代大統領のだれも不正選挙費用疑惑から抜け出すことができない。選挙のとき背負った原罪は、その後の大統領の改革の意欲や行動の自由を制約した。政権交代のたびに前政権の非理をあばく泥仕合がくりかえされた。

後継者づくりに失敗

歴代大統領は後継者づくりに失敗した。後継者をつくり、育てようとしなかった。権力は分割、共有できない。後継者を早急に決めれば寝首をかかれかねない。魑魅魍魎《ちみもうりょう》が跋扈し、食言、背信が茶飯事の政界では権力者の自衛策だ。金日成《キムイルスン》は息子に権力を世襲させた。独裁者にとってそれしか選択肢がない。

　李承晩は同族の李起鵬《イキボン》を副大統領に、その息子を養子にした。だが周囲に勧められてそうしただけで後継者と思わなかった。朴正熙《パクジュンヒ》はナンバーツーの金鍾泌を信用しなかった。全斗煥《ジュンドファン》は後任に陸士同期生でクーデタを共に決行した盧泰愚《ノテウ》を指名するさい迷った。嶺南グループの圧力でけっきょく指名したが、後日その決定を悔いた。金泳三も後継者李会昌《イヘチャン》が意に添わなかった。その気持ちを忖度《そんたく》して与党は割れ、選挙に負けた。金大中は後継者選びをまったく放棄した。だれも自分の跡を継げるものはいないと匙を投げた。

　歴代大統領が後継者づくりに失敗した理由は、国益でなく私益を優先して、私心が介入したからだ。大統領としての資質、能力や経綸《けいりん》、哲学を見込んで後任者を選び、育てる努力をおこたった。後継者が浮上すれば権力が減衰するとの打算もあった。任期末期になって、後継者を選ぶさいにも、親疎関係、退任後の身柄保障など私的次元で考慮した。退任後のみずからの影響力の行使も勘定に入れた。私人の利害打算で決め、国家的次元での判断は欠如している。失敗したのは自明のことだ。しかも政権交代で前任者と後任者との間は断絶する。前任者の国家運営の経験は成功、失敗をひっくるめて後任者によって活かされない。前任者は後任者をおおっぴらに非難し、後任者は前任者を完全に黙殺する。権力共有は不可能だったとしても、経験蓄積の共有もしなかった。政策はジグザグ、試行錯誤をくりかえした。

(2) 乱世のリーダー

大統領の資質

韓国は分断対立の状況にある。非常時だ。非常時における大統領の資質は平時のときとはまったく異なる。平時の指導者は調整型が無難だ。だが乱世のリーダーには識見と信念、決断と実行力がともなわなければ生き残れない。

六一年、軍部クーデタがおきた。尹潽善《ユンボスン》大統領はクーデタを是認した。後年、彼は維新独裁政権にたいするレジスタンス運動の先頭に立った。だがそれであやまちは相殺できない。議院内閣制のもとで、統帥権など実質的権力をにぎっていた張勉《チャンミュン》総理は修道院に三日間身を隠して外部と連絡を絶った。それで反乱軍鎮圧のチャンスを逸した。張勉が身の危険を顧みず、敢然と反乱軍に立ち向かったならクーデタは鎮圧された。張勉は人格高邁な篤実なカトリック信徒でだれからも敬愛された。だが乱世のリーダーとしては失格だ。そのとき彼が殺されたら、カトリック教、いや民主主義の殉教者になった。

同じことが後年くりかえされた。七九年の粛軍クーデタのさい、大統領崔圭夏《チエギユハ》は新軍部勢力の下剋上行動の事後承認を強要された。新軍部勢力は大統領の裁可もえず、上官である鄭昇和《ジユンソンフア》陸軍参謀総長を逮捕して、大統領に事後決裁を強要した。大統領は連行されてきた国防部長官に副署をさせた後、不本意ながら決裁した。長官の副署という形式的決裁要件が整えられた後認めた。崔圭夏は律儀な行政官だった。形式的要件が整った文書に決裁したのはいちおう非難の余地はない。認めなかったら身の安全が保障されなかったかもしれない。しかしこれが新軍部の政権八年間の途を開き、民主化の進展を妨げた。崔圭夏は有能な外交官で、温和で質素な暮らしの人格者として定評がある。だが乱世のリーダーとしては失格だ。

最高権力者である大統領ポストは命がけのポストである。平時の大統領はなにもしなくてもよい。なまじ、くちばしを挟めば国政が渋滞する。だがいったん緩急あれば、命をかけて大統領の責務を果たす覚悟と信念がなければ務まらない職位なのだ。その覚悟がなければ大統領職を望むべきでない。古代中国の王は日照りがつづくと雨乞いの祭りを行った。それでも雨が降らなければ王の不徳のいたすところだとされ殺された。それで王のなり手がなく、王を推戴するのが大仕事だったとの伝説がある。最高権力者の責務はそれほど重いのだ。大統領のポストが命がけの職務であることを覚悟すれば、それでもなりたいという権力亡者は減ったはずだ。

歴代大統領にたいする世論調査の順位では、つねにトップが朴正煕《パクジュンヒ》、次は李承晩《イスンマン》だ。朴正煕は経済開発、李承晩は建国の業績が評価されている。だが軍事支配を長引かせ、不正腐敗の元凶と指弾された全斗煥《ジュンドファン》も比較的上位にランクされている。それは乱世のリーダーとして彼の決断と実行を高く評価する韓国人の感情を反映している。

韓国では強力な大統領待望論が高まっている。南北対立の状況ばかりではない。国内でも地域対立、貧富対立、理念対立が深刻だ。国論が分裂している。それを収拾するには信念と識見、決断と実行しかない。世論に迎合せず、偏見にとらわれず、所信を断行する大統領の出現を期待する声が高い。強力なリーダーを望むのは韓国人のマゾヒスティックな性向の所産ともいえよう。だが望まれるのは強力な大統領よりも、命を捨てるほど責任感の強い為政者なのである。

次期大統領選挙

二〇〇二年十二月十九日に第一六代大統領選挙がある。与野党は大統領候補を選出するため活発な運動をくりひろげている。与党のばあい、従来は現職大統領の意向が絶対的だった。その指名により与党候補が決まった。だが今回は党内の自由競選に任せた。野党も党首が自動的に候補に選ばれてきたが党内民主化の動きが高まり、競選の形をとった。また党員以外の有権者を参加させる地方別の予備選挙を実施するなどアメリカ式の門戸開放方式を導入した。大統領候補予備選挙は候補者の知名度をあげ、有権者の関心を高めるメリットがある。だが費用がかさみ、金権体質が深化する副作用も大きい。

レームダック化した金大中大統領は与党候補選びに介入しないと言明した。盧武鉉《ノムヒョン》が民主党大統領候補に決まったあと、大統領は離党した。厳正中立な立場で選挙を管理するという名分だ。しかし一族のスキャンダル続出で民主党にとって重荷になったからだ。

野党候補はハンナラ党前党首李会昌《イヘチャン》の再出馬が決まった。これに反発して朴槿恵《パククンヘ》など反主流派の離党があいついだ。反李会昌連合戦線の構築には三金の意向が反映している。大統領選挙は与野党二党候補ばかりでなく、多数の候補が乱立する混戦になる。

保守と革新的理念をもつ候補の対決となった。これは一九五六年大統領選挙以来のことだ。当時李承晩と曺奉岩《チョウボンアム》が対決した。しかし第一六代大統領選挙でも、地域対立感情が猛威をふるっている。次期大統領選挙でも最大の争点は地域対立だ。与野党どの候補も地域対立打破を叫びながらも、実はそれを活用しようとしている。各候補はそれを非難しつつ利用しようとしている。統一問題は選挙の焦点からかすんでいる。

次期大統領選挙も金権選挙のパターンから抜け出せない。選挙をひかえ与野党で不正腐敗の誹謗中傷合戦が乱舞している。この第一六代大統領選挙はメディアの対決でもある。国営テレビなどテレビ・メディアは与党支持だ。言論にたいする税務調査で深手を負った活字メディアの保守系大手新聞は野党支持だ。与野党候補の勝敗はメディア間対決の結果と直結している。選挙のゆくえを決するカギは候補一本化だ。与野党どちらも候補を一本化したほうが当選する。歴代選挙では候補を一本化した党が勝った。今回も、与野党ともに一本化で揺れている。それに資金力動員の多寡が勝敗を決定する。だれが財界ともっとも太いパイプをつなぐかである。これが政経癒着の原罪を生む。

次期大統領にだれが当選するにせよ、日本語ができない世代だ。歴代大統領は日本語ができた世代だ。植民地支配時代に育ち、日本に屈折した感情を抱いていた。次期大統領はハングル世代だ。はげしい反日教育のなかで育った。日本にたいする偏見がある。日本にたいするスタンス、政策が大きく変わる。

二十一世紀のリーダー

独立してこの五四年間、韓国は八人の大統領を輩出した。初代の李承晩は建国、尹潽善は議院内閣制、朴正熙は開発独裁、崔圭夏は短いソウルの春、全斗煥は平和的政権交代、盧泰愚《ノテウ》は民主化宣言、金泳三《キムヨンサム》は軍閥解体、金大中《キムデジュン》は太陽政策でそれぞれ記憶されている。

だが韓国人は大統領の数多くの悲劇を目睹した。長期執政、独裁、不正腐敗など大統領の悲劇は個人の不幸ばかりではない、韓国人全体の不幸でもある。しかしその大統領を選んだのはほかならぬ韓国人自身である。一国の政治家のレベルはその国の有権者の水準をそっくり反映する。腐敗、無能なリーダーを選んだのは有権者もそのレベルでしかなかったからだ。政治家のはったり、ばらまきにのせられ投票した。有権者はばらまきでポストを得た者が、それを利用してどれほど黒いカネをかきあつめているのか、知ったことではない。自分が得した一円が他人からまきあげた百円のうちのはした金であるのを忘れる。自分も後でもっとまきあげられることもご存じでない。政治家も有権者も金権選挙を批判しながら、それにありつこうとする。地域対立を攻撃しながら地域感情に便乗する。権力集中を非難しながら余禄にありつく。他人がやればスキャンダルで、自分がやればロマンスなのだ。

いくら政権が代わっても政治改革はできない。改革とはだれかがやってくれるのではない。いま、ここで、自分がやるしかない。しかしみんな、その公理を忘れている。奴隷とはだれかが自分を解放してくれるのを待っている者を指す。歴代大統領八人のうち、この国のグランド・デザインを描き、それを実現しようとして、不惜身命《ふしゃくしんみょう》、命をかけた大統領は、はたしてだれだっただろうか。

移り気の世論に迎合せず、後世、歴史の審判を待つという不退転の信念で、経綸を断行する強力な大統領を待望する声が高い。だがそれを選ぶのは韓国人自身なのだ。二〇〇二年六月十三日、地方統一選挙は十二月の大統領選挙の前哨戦だった。だが投票率はわずか四八％にすぎなかった。韓国人の政治不信を鮮明に示すものだ。これほど韓国人は政治を、権力を不信している。大統領の悲劇とは、とりもなおさず韓国人自身の悲劇なのである。

あとがき

権力者の評伝を書くのはむずかしい。立場によって評価が異なる。韓国歴代大統領八人のうち五人が存命している。人事は棺《かん》を蓋《おお》うて定まるという。現存人物の評価は至難のわざだ。だが非礼不遜のそしりを覚悟して、是々非々、『春秋』の筆法をまねてつづった。筆者に誤解、思い違いがあれば、読者の叱正を乞う次第である。古語にいう「直筆は人これを殺し、曲筆は天これを殺す」と。正直に書けば人から恨まれる。筆を曲げれば天罰が下る。本書に誤断があるかもしれない。だが筆は曲げていないつもりだ。

筆者は一九五八年からジャーナリストとして現代史の現場に身をおいた。李承晩《イスンマン》大統領の第一共和国時代からいまの第六共和国まで、同時代人として権力者の栄枯浮沈、有為転変を目撃した。八人の大統領のなかには非凡、凡庸な人物が混じっている。だが八人の政治的行動をたどってみれば共通点がある。歴史からなにも学ばなかった。それで前任者の失敗をくりかえした。前車の覆るのは後車の戒めにならなかった。長期政権の過誤をみても終身政権を企てた。強権統治の破綻を知ってもそれを反復した。権力の不正非理を目撃してもそれに染まった。地域差別を非難しながら地域主義にはまった。歴史の学習効果はなかった。しかも前任者は後任に説教を垂れる立場ではなかった。後任者も三顧の足労をいとわず前任者の忠言に耳を傾ける度量に欠けた。

歴代大統領の失敗は成功体験の呪縛から抜け出せないことにある。激烈な闘争のすえ大統領の座にのぼりつめたので自信過剰になった。輝かしい成功体験はそれを達成するに有効だった行動様式を正当化、絶対化させた。権力をにぎった後も、成功体験の呪縛に囚われた。国家経営のリーダーシップは特定少数集団の組織運営とは次元が異なる。

野党リーダーとして政策批判、街頭闘争、大衆扇動で優れた力量を発揮した。だが国家経営を担当するとなれば、それと異なる資質が必要だ。そのギアチェンジを怠った。

当初支持率が高かった権力者ほど失敗した。慢心のせいだ。支持率が高いので自信過剰になり、暴走した。ノロノロ運転なら軽い接触事故で済む。フルスピードで暴走すれば大事故になる。

歴代大統領はそろって功名心に逸《はや》った。歴史に名前を残そうとする権力者に共通する弱点だ。過去の治績を全否定して、改革を唱え、新しい仕事を立ち上げた。一害を除くより、一利を興すに夢中だった。一害を除くのが先決だが地味である。一利を興すのが宣伝になる。準備不足のまま一利を興そうとしてつまずく。そのツケを国民がかぶった。いったん権力を手にすると人が変わった。人相まで変わる。権力の魔力に毒された。それが人間の性《さが》だ。しかし退任した後、表情は穏やかになる。もっとも退任しても生臭い動きをする大統領経験者がいるにはいる。

大統領八人のうち、尹潽善《ユンボスン》、金泳三《キムヨンサム》、金大中《キムデジュン》の三人をのぞき、ほかの大統領は自伝や回想録を公刊していない。存命中の元大統領のなかには、手記をまとめ、公表時期を待つ人もいる。故人となった大統領も手記、日記を残したと伝えられている。手記や日記が残されていれば、後世のため、ぜひその公刊が待たれる。だがそれもムリなようだ。乱世に生きた権力者には人にいえない、知られたくない過去がたくさんある。親日派清算論や歴史立て直しなどの主張が蒸し返される風土だ。そこで赤裸々に過去をつづれば危ない。人に累を及ぼす。だから記録を残せない。

権力者は歴史から学ばないのではない。なるべく過去を忘却したいのだ。

ローマの栄光の主人公だった皇帝の墓碑には次のように刻まれ、後人に語りかけている。

TU FUI, EGO ERIS　——余は汝にてありき、汝も余にならん。
亡き権力者が後世の権力者にたいして与える、なによりもの戒めといえよう。

二〇〇二年六月

61・5・16クーデタ。5・18張勉内閣総辞職。7・22経済企画院設立
62・3月、政治活動浄化法制定
63・10・15第5回大統領選挙。朴正熙、大統領就任（第三共和国）
65・12・18韓日国交正常化
67・5月、第6回大統領選挙、朴正熙再選
69・10・17「ひったくり改憲」国民投票で可決
70
71・4・27第7回大統領選挙、朴正熙、三選
72・7・4南北共同声明。10・17非常戒厳令。11月、維新憲法案国民投票で可決。12・23朴正熙、大統領就任（第四共和国）
73・8・8東京で金大中拉致事件。
74・8・15朴正熙大統領暗殺未遂、夫人が死亡
79・10・26朴大統領暗殺。12・6崔圭夏、大統領就任。12・12粛軍クーデタ
80・5・17非常戒厳令全国拡大、5・18～27光州事件。8・27全斗煥大統領就任（第五共和国）
81・2・11大統領選挙
83・9・1大韓航空機撃墜事件。10・9ラングーン事件
84・9月、全斗煥大統領訪日
87・6・29盧泰愚「民主化宣言」。10・29憲法改正（第六共和国）。12・16第13回大統領選挙、盧泰愚選出
88 ソウル・オリンピック
90・1月、三党合同。9・30韓ソ国交樹立
91・9・17国連加盟
92・3月、総選挙。8・24韓中国交樹立。12・18第14回大統領選挙、金泳三選出
95・10月、金泳三政権、全斗煥・盧泰愚在任中の不正蓄財を摘発
96・10月、OECDに加盟
97・11月、経済危機、IMF管理下に置かれる。12・18第15回大統領選挙、金大中選出
2000・4月、総選挙。6月、平壌で南北首脳会談。金大中、ノーベル賞受賞
02・12・19第16回大統領選挙

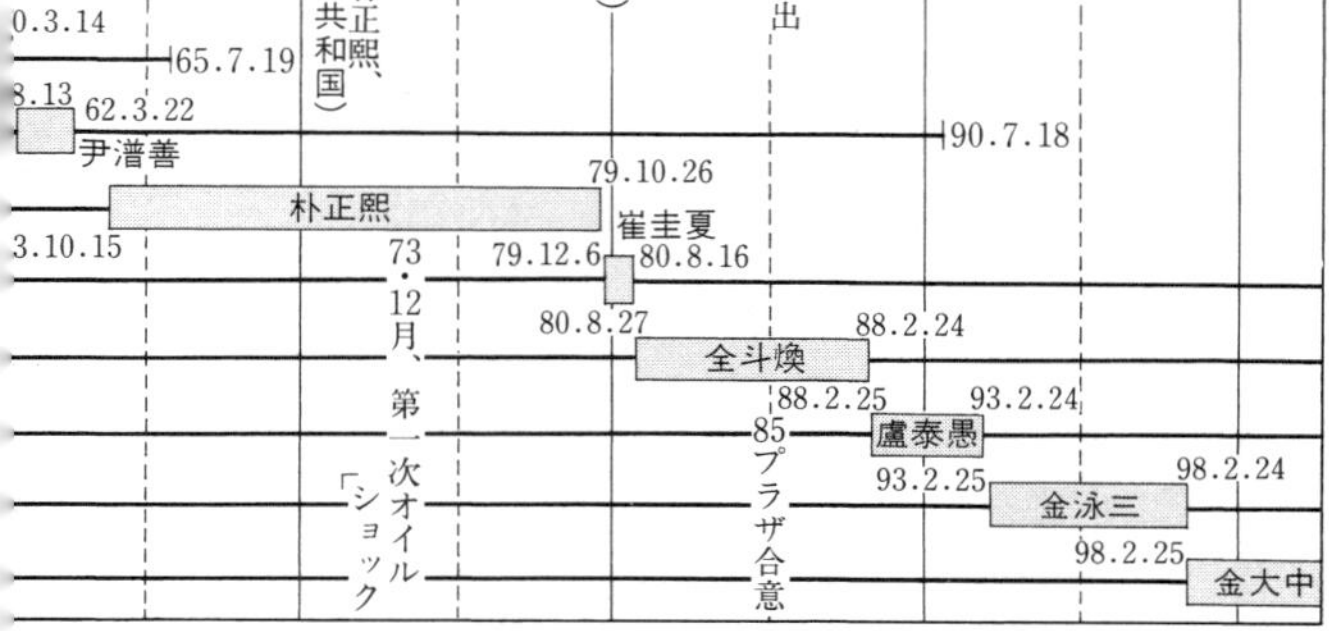

略年表

1900

10 日韓併合

19・3・1独立運動。4・10上海で大韓民国臨時政府樹立

20

23・9関東大震災、朝鮮人虐殺事件

30

31・9満州事変

37・7日中戦争

39・9第二次世界大戦開戦(−45)

40

45・8・15解放。呂運亨、建国準備委員会発足。9・6朝鮮人民共和国樹立宣言

46・10・1大邱で暴動。12月、軍政庁、過渡立法議院設置

48・4・3済州道事件勃発。5・10南朝鮮単独総選挙。8・15大韓民国独立(第一共和国)

50・6・25朝鮮戦争勃発。9・15国連軍、仁川上陸。11月、中国義勇軍参戦

51・6休戦交渉開始

52・5月、釜山に戒厳令。8月、第2回大統領選挙、李承晩再選(釜山政治波動)

53・7・27休戦成立

54・11・27「四捨五入改憲」

56・5月、第3回大統領選挙、李承晩三選、副大統領張勉

60・3・15第4回大統領選挙。4・19ソウルでデモ(27日李承晩下野)。6月憲法改正(第二共和国)

1875.3.26

1897.8.26

11・10辛亥革命、中華民国誕生

14第一次世界大戦開戦(−19)

16アイルランドでシン・フェイン党蜂起

17ロシア革命

17.9.30

19.7.16

25.12.3

27.12.20

31.1.18

32上海事変

32.12.4

41・12・8太平洋戦争開戦(−45)

47・3・12トルーマン・ドクトリン

48.7.20

48・9・9朝鮮民主主義人民共和国独立

49・10・1中華人民共和国樹立

李承晩

池 東 旭（チ・トンウク）

1937年、韓国慶尚北道大邱に生まれる．58年，『韓国日報』入社．外報，経済部記者，海外巡回特派員を経て，経済部長．81年，『週刊韓日ビジネス』創刊．現在，日韓両国で国際問題，韓国経済などの分野で多彩な評論を展開．

著書『韓国の族閥・軍閥・財閥』（中公新書）
『コリアン・ジャパニーズ』（角川oneテーマ21）
『韓国財閥の興亡』（時事通信社）
『変わる韓国変わらぬコリア』（時事通信社）
『軍服を脱いだ韓国』（時事通信社）
『テラスで読む韓国経済物語』（日本経済新聞社）
『ソウルの日本語新聞は書く』（草思社）
他多数

韓《かん》国《こく》大《だい》統《とう》領《りょう》列《れつ》伝《でん》
中公新書 *1650*

2002年 7 月15日印刷
2002年 7 月25日発行

著 者 池 東 旭
発行者 中 村 仁

本文印刷 三晃印刷
カバー印刷 大熊整美堂
製 本 小泉製本

発行所 中央公論新社
〒104-8320
東京都中央区京橋 2-8-7
電話 販売部 03-3563-1431
編集部 03-3563-3668
振替 00120-5-104508
URL http://www.chuko.co.jp/

◇定価はカバーに表示してあります．
◇落丁本・乱丁本はお手数ですが小社販売部宛にお送りください．送料小社負担にてお取り替えいたします．

Printed in Japan ISBN4-12-101650-5 C1223

中公新書刊行のことば

いまからちょうど五世紀まえ、グーテンベルクが近代印刷術を発明したとき、書物の大量生産は潜在的可能性を獲得し、いまからちょうど一世紀まえ、世界のおもな文明国で義務教育制度が採用されたとき、書物の大量需要の潜在性が形成された。この二つの潜在性がはげしく現実化したのが現代である。

いまや、書物によって視野を拡大し、変りゆく世界に豊かに対応しようとする強い要求を私たちは抑えることができない。この要求にこたえる義務を、今日の書物は背負っている。だが、その義務は、たんに専門的知識の通俗化をはかることによって果たされるものでもなく、通俗的好奇心にうったえて、いたずらに発行部数の巨大さを誇ることによって果たされるものでもない。現代を真摯に生きようとする読者に、真に知るに価いする知識だけを選びだして提供すること、これが中公新書の最大の目標である。

私たちは、知識として錯覚しているものによってしばしば動かされ、裏切られる。私たちは、作為によってあたえられた知識のうえに生きることがあまりに多く、ゆるぎない事実を通して思索することがあまりにすくない。中公新書が、その一貫した特色として自らに課すものは、この事実のみの持つ無条件の説得力を発揮させることである。現代にあらたな意味を投げかけるべく待機している過去の歴史的事実もまた、中公新書によって数多く発掘されるであろう。

中公新書は、現代を自らの眼で見つめようとする、逞しい知的な読者の活力となることを欲している。

一九六二年一一月

現代史 II

ワイマル共和国	林　健太郎
ナチズム	村瀬興雄
アドルフ・ヒトラー	村瀬興雄
ゲッベルス	平井　正
ヒトラー・ユーゲント	平井　正
ナチ・エリート	山口　定
チャーチル（増補版）	河合秀和
アラビアのロレンスを求めて	牟田口義郎
イスラム過激原理主義	藤原和彦
フランス現代史	渡邊啓貴
革命家 孫文	藤村久雄
中華民国	横山宏章
漢奸裁判	劉　傑
中国革命を駆け抜けたアウトローたち	福本勝清
中国革命の夢が潰えたとき	諸星清佳
中国―歴史・社会・国際関係	中嶋嶺雄
中国現代史	小島朋之
インド現代史	賀来弓月
ベトナム戦争	松岡　完
「南進」の系譜	矢野　暢
アメリカ海兵隊	野中郁次郎
米国初代国防長官フォレスタル	村田晃嗣
韓国の族閥・軍閥・財閥	池　東旭
韓国大統領列伝	池　東旭

社会・教育 II

不平等社会日本	佐藤俊樹
子どもという価値	柏木惠子
親とはなにか	伊藤友宣
家庭のなかの対話	伊藤友宣
父性の復権	林 道義
母性の復権	林 道義
安心社会から信頼社会へ	山岸俊男
大人たちの学校	山本思外里
日本の教育改革	尾崎ムゲン
大学淘汰の時代	喜多村和之
大学は生まれ変われるか	喜多村和之
大学生の就職活動	安田 雪
大衆教育社会のゆくえ	苅谷剛彦
理科系の作文技術	木下是雄
理科系のための英文作法	杉原厚吉
数学受験術指南	森 毅
〈戦争責任〉とは何か	木佐芳男
国際歴史教科書対話	近藤孝弘
人間形成の日米比較	恒吉僚子
イギリスのいい子 日本のいい子	佐藤淑子
異文化に育つ日本の子ども	梶田正巳
学習障害(LD)	柘植雅義
ミュンヘンの小学生	子安美知子
私のミュンヘン日記	子安 文
母と子の絆	宮本健作
伸びてゆく子どもたち	詫摩武俊
元気が出る教育の話	斎藤次郎 森 毅
子ども観の近代	河原和枝
変貌する子ども世界	本田和子
子どもはことばをからだで覚える	正高信男
父親力	正高信男
子どもの食事	根岸宏邦
ボーイスカウト	田中治彦
県民性	祖父江孝男
在日韓国・朝鮮人	福岡安則
韓国のイメージ	鄭 大均
日本(イルボン)のイメージ	鄭 大均
海外コリアン	朴 三石
住まい方の思想	渡辺武信
住まい方の演出	渡辺武信
住まい方の実践	渡辺武信
快適都市空間をつくる	青木 仁
ガーデニングの愉しみ	三井秀樹
美の構成学	三井秀樹
フランスの異邦人	林 瑞枝
ギャンブルフィーヴァー	谷岡一郎
OLたちの〈レジスタンス〉	小笠原祐子
ネズミに襲われる都市	矢部辰男

中公新書

地誌・文化 III

風景学入門　中村良夫
風景学・実践篇　中村良夫
瀬戸内海の発見　西田正憲
照葉樹林文化　上山春平編
続・照葉樹林文化　上山春平・佐々木高明・中尾佐助
メタセコイア　斎藤清明
木の国熊野からの発信　重栖　隆
巨樹と日本人　牧野和春
花が語る中国の心　王　敏
日本の憑きもの　吉田禎吾
結核という文化　福田眞人
絵巻物に見る日本庶民生活誌　宮本常一
河童よ、きみは誰なのだ　大野　芳
沖縄の歴史と文化　外間守善
香港回帰　中嶋嶺雄

川柳　江戸の四季　下山　弘
カラー版　近代化遺産を歩く　増田彰久
銀座物語　野口孝一
臨海副都心物語　平本一雄
ヨコハマ公園物語　田中祥夫
てりむくり—日本建築の曲線　立岩二郎
知られざる芸能史　娘義太夫　水野悠子

＊

食事の文明論　石毛直道
食の文化史　大塚　滋
日本人のひるめし　酒井伸雄
日本の酒づくり　篠田次郎
吟醸酒への招待　篠田次郎
日本酒ルネッサンス　小泉武夫
ワインの世界史　古賀　守
比較ワイン文化考　麻井宇介
ワインづくりの思想　麻井宇介

コメ食の民族誌　福田一郎・山本英治
コシヒカリ物語　酒井義昭
香辛料の民族学　吉田よし子
コーヒーが廻り世界史が廻る　臼井隆一郎
パンとワインを巡り神話が巡る　臼井隆一郎
世界の魚食文化考　三宅　眞
朝鮮半島の食と酒　鄭　大聲
登山の誕生　小泉武栄
霞ヶ関歴史散歩　宮田　章

現代史 I